SV
international
SCHWEIZER
VERLAGSHAUS

Dr. Morvyth Williams-Sarkisian
und Barbara Apisson

DIE KAUKASUS-DIÄT

SV INTERNATIONAL
SCHWEIZER VERLAGSHAUS ZÜRICH

Dieses Buch erschien zuerst 1977 bei Prentice-Hall, Inc.,
Englewood Cliffs, New Jersey
Originaltitel: «A diet for 100 healthy, happy years»

Aus dem Amerikanischen übersetzt und bearbeitet
von Ursula von Wiese

Printed in Switzerland
by Druckerei Carl Meyers Söhne AG, CH-8645 Jona
ISBN 3-7263-6358-0

Inhalt

Zweiter Teil
Kaukasisches Kochbuch
von Barbara Apisson

Morvyth Williams-Sarkisian

promovierte an der Yale-Universität zum Doktor der Medizin und der Philosophie.

Als Spezialistin für Ernährungslehre und Altenheilkunde erhielt sie zusammen mit ihrem Mann, dem gebürtigen Armenier Kegan Sarkisian, einem bedeutenden Botaniker und Entwicklungsphysiologen, verschiedene Forschungs- und Entwicklungsaufträge von US-Behörden. So entwickelte das Paar z. B. schon 1945 für die Armee einen Buttersatz und fand später Methoden zur Geschlechtsbestimmung vor der Geburt sowie Verfahren zur Beeinflussung der Fruchtbarkeit bei Tieren.

Gemeinsam errichteten sie ein Forschungslaboratorium, und Morvyth Williams widmete sich neben ihrer Forschungsarbeit immer auch ihrer ärztlichen Praxis.

Als Ernährungsexpertin von internationalem Rang erhielt sie 1968, zusammen mit Kegan Sarkisian, eine Einladung der Gesundheitsbehörden der Sowjetunion. Der sowjetische Gesundheitsminister sandte das Ehepaar nach Eriwan, wo es sich dem Studium der Ernährung des armenischen Stammvolkes widmen konnte.

Dieses Buch verdankt seine Entstehung dem Wunsch der Wissenschaftlerin, die Erkenntnisse fünfundzwanzigjähriger Forschung und Praxis nutzbringend und leicht verständlich darzulegen.

Das Ziel des Buches ist es, den Menschen ein besseres und längeres Leben zu ermöglichen.

Barbara Apisson

wurde in Erzurum, einer Stadt im armenischen Teil der Osttürkei, geboren. Dieses im Bereich des kaukasischen Gebirges liegende Gebiet ist für die Langlebigkeit seiner Bewohner berühmt und prägte Barbara Apisson für immer.

Nach dem Ersten Weltkrieg floh sie mit ihrer Mutter in die Vereinigten Staaten, wo sie jedoch der armenischen Tradition und der armenischen Küche treu blieb.

In New York heiratete sie den armenischen Architekten Henri

Apisson, mit dem sie 1947 in Central Valley, Staat New York, eine Erholungsstätte für die Patienten eines berühmten Arztes gründete.
Sie setzte sich das Ziel, daraus ein Sanatorium mit idealem Nahrungsangebot zu machen. Aus diesem Grunde suchte sie auch Dr. Bircher-Benner und Dr. Albert Schweitzer auf, von denen sie wichtige ernährungswissenschaftliche Grundsätze übernahm und weiterentwickelte. Außerdem unternahm Barbara Apisson sieben Studienreisen nach Rußland und in die Türkei, wo sie den einheimischen Kochtraditionen und Lebensgewohnheiten der Kaukasier nachspürte.
Die beiden Autorinnen einigten sich darauf, daß Barbara Apisson für das vorliegende Buch den Rezeptteil verfassen und Dr. Morvyth Williams die ernährungswissenschaftliche Darstellung der armenischen Ernährungsweise erarbeiten würde.

Einleitung
von Dr. Morvyth Williams-Sarkisian

Seit jeher hat der Mensch nach einem Jungbrunnen gesucht. Abenteurer haben alle Zonen durchstreift, auf der Jagd nach etwas, das letztendlich in uns selbst liegt, zum Gebrauch verfügbar. Wenn wir uns richtig ernähren und vernünftig arbeiten, ist es unser Körper selber, der sich erhält und regeneriert. Wenn wir uns falsch ernähren und ungesunde Gewohnheiten haben, streikt er, dann werden wir krank und sterben vielleicht frühzeitig.

Immer mehr setzt sich die Überzeugung allgemein durch, daß wir uns durch die Vorteile der Zivilisation und der Technik unbeabsichtigt, aber unvermeidlich, von den gesundheits- und lebenserhaltenden Verhaltensweisen entfernt haben, von denen unsere Vorfahren abhingen, als es für sie um nichts anderes ging, als sich am Leben zu erhalten. Diese Ansicht fand ich auch in meiner langjährigen medizinischen Praxis bestätigt.

Während Naturwissenschaft und Medizin ehrfurchtgebietende Siege über Seuchenerreger verzeichnen und sogar die Lebensspanne zu verlängern vermochten, gerieten die natürlichen Schutzmittel und die Volksheilkunde in Vergessenheit. Die Menschheit verläßt sich ganz auf die Technik, ist von ihr abhängig und hat die Geschichte verdrängt. Wären wir als Spezies nicht viel besser dran, wenn wir uns den Fortschritt einfach zunutze machten, ohne all das aufzugeben, was die Vergangenheit uns über die Lebenserhaltung gelehrt hat?

Mein Interesse an der Bedeutung der Ernährung für Gesundheit und Langlebigkeit wurde geweckt, als ich in jungen Jahren das Glück hatte, einer Gruppe von Ernährungswissenschaftlern anzugehören. Ich war auf dem Weg, Ärztin zu werden und völlig fasziniert von den großartigen Möglichkeiten des menschlichen Körpers.

Unsere Gruppe betrieb Studien an falsch oder schlecht ernährten Tieren. Wir versuchten herauszufinden, warum der Körper von der Ernährung abhängig ist. Es war die Zeit, in der die Vitamine A, B, C und D entdeckt wurden. Wir erkannten jedoch, daß offenbar noch ein Vitamin fehlte, dessen Mangel sich in Muskelrückbildung und Fehlgeburten äußerte. Wir nannten es Vitamin X. Später erhielt es den Namen Vitamin E, weil der nächste Buchstabe des Alphabets E ist. Ich aber mag die Vorstellung, das E stamme von Evans, dem Namen unseres damaligen Professors, der das Vitamin entdeckt hatte.

Unsere Studien waren umfassend, und in mühsamer Kleinarbeit lernten wir, was alles mit richtiger Ernährung verhindert werden kann: z. B. Unterentwicklung, Hautkrankheiten, schlechtes Sehvermögen, abnormer Wuchs, Nervenbeschwerden, Diabetes, Unterfunktion der Nieren, Übersteuerung der Schilddrüse, Verlust der Potenz.

Wer sich erst einmal klarmacht, daß der Mensch ist, was er ißt, wird aufhören, die Balance seines Organismus durch mangelhafte Ernährung zu zerstören, und es vorziehen, sie durch richtige, gesunde Ernährung zu erhalten. Die längere Lebensspanne, die uns heute gegeben ist, kann dann bei voller Gesundheit verbracht werden. Ist es möglich, daß wir uns von den Menschen unterscheiden, die zwar weit von uns entfernt leben, jedoch nicht nur 100, sondern sogar 130, 140, 150 Jahre alt werden? Ja, sie sind anders beschaffen als wir, wenigstens in bezug auf ihren Körper, der weniger schnell altert als der unsere. Woran das liegt, wie es sich erklärt und was wir tun können, um ihnen nachzueifern, davon handelt dieses Buch. Wer dem Beispiel der Kaukasier folgt, der hat alle Aussicht, nicht nur länger, sondern auch unbeschwerter zu leben.

Erster Teil
Die kaukasische Diät
von Dr. Morvyth Williams-Sarkisian

Erstes Kapitel
Wo Hundertjährige das Leben genießen

Die wenigsten Leute wissen, was der geographische Begriff «Kaukasus» bedeutet. Im allgemeinen versteht man darunter weniger das gleichnamige Hochgebirge zwischen dem Schwarzen und dem Kaspischen Meer, als das Land Kaukasien, das im Südosten von Rußland liegt und seit 1920 zur Sowjetunion gehört. Der Kaukasus scheidet klimatisch und topographisch Südrußland (im Norden) von den bereits subtropischen Gebieten Vorderasiens (im Süden). Die Geschichte dieses Landstrichs handelt von vielen Wechselfällen der Unterwerfung. Ein großer Teil des einstigen Armenien bildet jetzt die östliche Türkei. Die hier verwurzelten Menschen betrachten das Gebiet nördlich des Hochgebirges und die angrenzenden Teile von Iran und Irak gern als den eigentlichen Kaukasus, wofür auch viele ethnische Gegebenheiten sprechen. Es ist der Garten Eden, das Ararat-Land, wo manch eine Legende darauf hinweist, daß der Ursprung der Menschheit in dieser fruchtbaren Gegend zu suchen ist.

Mir scheint, daß für diese Menschheit, die, von der Technisierung angetrieben, dem Untergang entgegenrast, die einzige Hoffnung darin besteht, gewissermaßen in den Garten Eden zurückzukehren und neu zu entdekken, was unsere kaukasischen Vorfahren gelernt haben in jahrhundertelanger Mühsal im Kampf ums Überleben.

Mein Mann und ich unternahmen unsere dreimonatige Wiederentdeckungsreise in den Kaukasus 1968 im Zu-

sammenhang mit unserem Plan, den Kampf gegen Krankheit und Tod auf botanischer Grundlage weiterzuführen. Wir befragten und behandelten viele Patienten und machten uns die Gelegenheit zunutze, sowohl gesunde als auch kranke und zumeist betagte Menschen zu untersuchen. Die alten Menschen, mit denen wir es zu tun bekamen, waren Georgier, Aserbeidschan-Tataren, Armenier, Nachitschewaner, Daghestaner, Abchasen, Adscharen, Juden oder verpflanzte Moskowiter. Alle Alten der Region hatten aber etwas gemeinsam: Sie ernährten sich mit natürlichen Lebensmitteln, mit Gemüse aus dem eigenen organisch gedüngten Boden, ungebleichtem Getreide ohne künstliche Zusätze. Sie führen sich also die natürlichen Vitamine und Mineralstoffe zu und kennen keine raffinierten Lebensmittel wie Weißmehl und Zucker.
Wer entwickelte diese Ernährungsgrundsätze? Nach Ansicht meines Mannes waren es die Armenier gewesen, die Urbewohner des Landes. Meine Mitautorin Barbara Apisson, gebürtige Armenierin, bestätigte dies, und ihre Mutter, mit ihren 92 Jahren noch fast eine Ureinwohnerin, erklärte, jedermann wisse von den Errungenschaften der Armenier. Die Ansässigen, die von uns befragt wurden, stimmten dieser Meinung trotz einer gewissen ethnischen Rivalität zu. Wir selber stellten fest, daß sich die Leute im Kaukasus, die über hundert Jahre alt werden und bis ein Viertel der Bevölkerung in den von uns besuchten Dörfern ausmachen, nach den alten Gebräuchen ihrer armenischen Nachbarn ernährten.
Vor etwa 6500 Jahren traten die Ureinwohner des Kaukasus von der früheren Sammlerkultur zur Agrarkultur über. Das heißt, sie gaben es auf, Würmer, Insekten und Larven zu suchen und zu essen. Sie fanden heraus, daß

es besser war, auf die Jagd zu gehen, zu fischen, Beeren zu pflücken und Getreide anzupflanzen, zähmten freilebende Tiere, kultivierten und veredelten Pflanzen, hielten sich Bienen und errichteten ihre Häuser an den mineralreichen Wasserläufen. Mit der allmählichen Aufgabe seiner schweifenden Lebensweise auf der Suche nach Nahrung zugunsten einer geplanten Wirtschaft setzte der Mensch seine Körperkräfte gezielter ein, so daß sein Organismus erstarkte und sich seine Lebenserwartung vergrößerte. Seine Denkweise änderte sich, und jede Generation erkannte besser die guten Dinge des Lebens.

Trotz der Eroberungsfeldzüge, die sie heimsuchten, entwickelten die Armenier ihre eigene Lebensweise. Wenn es einen Garten Eden gegeben hat, so sind sie das einzige überlebende Volk, dessen Vorfahren ihn kannten. Daß sie trotz ihrer zahlreichen Feinde überlebten, muß zu den großen geschichtlichen Wundern gezählt werden. Ausgeliefert den Mongolen, Babyloniern, Persern, Arabern, Türken, und oft beinahe ausgerottet, widerstanden sie allen Schicksalsschlägen, erhoben sich stets wieder wie ein Phönix aus der Asche und erholten sich allen Verlusten zum Trotz. Doch nicht durch Waffengewalt erhielten sie sich am Leben, sondern durch ihr Wissen, wie Geist und Körper zu nähren und zu stärken sind und wie die Überlebenskräfte gepflegt werden müssen.

Ist diese Theorie aus der Luft gegriffen, oder gibt es Beweise dafür? War das Getreide der Urarmenier ebenso nahrhaft wie das moderne? Führten sich die Menschen mit ihrem Obst genügend Vitamin C zu? Lieferten ihnen Fisch, Fleisch, Gemüse und Körner reichhaltig Proteine, Kalzium, Eisen und Spurenelemente zur Entwicklung

starker Knochen und Zähne, ganz abgesehen von den Vitaminen und den heute bekannten 56 Nahrungsstoffen, die der Mensch benötigt, um körperlich und geistig gesund zu bleiben? Die Befunde bei ausgegrabenen Skeletten beheben jeden Zweifel. Zeichnungen und Schnitzereien zeugen davon, daß kinderreiche Familien die Norm waren und beweisen die ausgeprägte Geschlechtskraft dieses Volkes. Samenkörner, die jahrhundertelang begraben lagen und erst heute von Archäologen wiederentdeckt worden sind, zeigen hohen Proteingehalt und eine vortreffliche Zusammensetzung an ungesättigten Fetten. Die Schädel der Ureinwohner weisen denn auch einen makellosen Zahnbogen und gesunde Zähne auf. Nach den Knochen zu urteilen muß die Muskulatur von so prachtvollem Bau gewesen sein, wie in den überlieferten Balladen der Volkssänger und Geschichtenerzähler gepriesen wird.
Mit besonderem Stolz trägt man noch heute folgende Sage vor:
David von Sassun wurde von den Ältesten seiner Stadt gebeten, die Gegend von einem menschenverschlingenden Löwen zu befreien. David war sich der eigenen Körperkraft wohl bewußt, und er legte sich mit seinen Waffen in einen Hinterhalt, um das Untier auf dessen nächstem Beutezug zu erlegen. Doch als er den Löwen erblickte, erkannte er, daß er dem gewaltigen Tier unter gleichen Bedingungen gegenübertreten mußte. Da jedes Geschöpf darauf aus war, sich am Leben zu erhalten, wäre es unrecht gewesen, den Kampf zu Davids Gunsten mit Waffen zu entscheiden. Er warf sie weg und trat dem Löwen mit bloßen Händen entgegen. David siegte in dem Kampf und ging als Held in die armenische Geschichte ein.

Viele ähnliche Erzählungen sind Sinnbild für Lebenslust und Lebenskraft, die Davids Volk auszeichnen. Sie zeigen sich auch in der Sorgfalt, mit der es den Boden kultivierte, Wasserleitungen legte und Natur und Vegetation erforschte, um die Ernährungsweise zu entwickeln, die wir als kaukasische Diät bezeichnen.
Seit dem Beginn dieser Lebensweise, also seit der Jungsteinzeit, sind die Kaukasier immer kräftiger geworden und entwickelten sich zu dem berühmten Volk mit seinem hohen Anteil an Hundertjährigen, das mein Mann und ich 1968 aufsuchten.
Diesen Forschungsaufenhalt kann man auch so interpretieren, daß mein Mann die botanischen Entdeckungen, die er in unserem Laboratorium gemacht hatte, zu ihrem Ursprung zurückbrachte. Vieles von dem, was er in der Jugend über die Heilwirkung von Kräutern gehört hatte, untersuchten wir gemeinsam im Laboratorium, indem wir Vitamine und Mineralstoffe unter die Lupe nahmen, die in den Heiltränken seiner Vorfahren enthalten waren.
Als wir den Kaukasus verließen, nahmen wir die Erkenntnis mit, daß es nur an der Art der Bewirtschaftung des Landes und den Lebens- und Eßgewohnheiten der Bevölkerung lag, daß sie vor der vollständigen Ausrottung bewahrt blieb und heute gut acht Millionen Seelen zählt. Im Kaukasus ist Langlebigkeit heute die Norm: Die Achtzigjährigen, die Neunzigjährigen, ja selbst die weit über Hundertjährigen gehen aufrecht und betätigen sich aktiv, und sie sind keineswegs die Ausnahme. Wir sahen sie auf dem Feld arbeiten, während die Frauen kochten und die übrigen schweren Hausarbeiten erledigten. Viele waren ganz- oder halbtags berufstätig und keineswegs von der Gesellschaft verstoßene Schwäch-

linge, sondern sie spielten im städtischen und dörflichen Gemeinwesen eine bedeutende Rolle.
Selbst die Urältesten gingen federnden Schrittes und schienen im Notfall jedem Angriff gewachsen zu sein. Ein fast überall gewöhnlicher Anblick war ein Greis, der mit seinem Korb frisch geernteter Feldfrüchte dahintrabte, als ob er sich verspätet hätte.
In einer armenischen Zeitung vom 3. Januar 1974 war ein Mann namens Gabriel Tschapnian abgebildet, der als «unermüdlich im Alter von 117 Jahren» beschrieben wurde. 1968 war er 111 Jahre alt gewesen und meinem Mann und mir unter dem Namen Gabrielowitsch Tschiapawelli vorgestellt worden. Nach dem Zeitungsbericht lautete sein Rezept für ein langes Leben: aktive körperliche Arbeit und mäßiges Interesse an Alkohol und Frauen. 1968 hatten die Behörden Tschapnian einen anderen Namen gegeben, um uns glauben zu machen, er sei Georgier.
Doch Kegan ließ sich nicht täuschen. Er erkannte die Herkunft des Mannes an seinen Gesichtszügen und den Mandelaugen. Eine Frage in armenischer Sprache stellte die Sache dann richtig, obwohl der alte Herr behauptete, auch georgisches Blut zu haben. Als wir ihn kennenlernten, war er zwar bereits pensioniert, arbeitete aber noch immer den ganzen Tag.
Auch Kegan fragte Tschapnian-Tschiapawelli, welchen glücklichen Umständen er sein hohes Alter zu verdanken habe. «Glück? Wir wurden 1917 den Feind los», lautete die Antwort.
Kegan brachte es fertig, ihn über sein Interesse für Geschlechtsverkehr auszuhorchen. Er stellte eine Frage auf armenisch, und der Alte strahlte. «Natürlich, mein Junge, sooft ich eine bekommen kann.» Er prahlte keines-

wegs, jedenfalls nicht direkt. Aber er gestand seine Vorliebe für gebratene Lammhoden, an deren aphrodisische Wirkung die Kaukasier fest glauben. Mein Mann wunderte sich nicht. Schon der Großonkel seines Vetters, ein Postreiter, hatte dieses wundersame Gericht häufig zu sich genommen. Wie sonst ließe sich erklären, daß dieser stramme Unentwegte die Übernachtungen auf jedem langen Überland-Galopp jeweils als Gelegenheit für einen Seitensprung benützt hatte?
Was aß Tschapnian, wenn es nicht gerade gebratene Lammhoden waren? Die Gerichte, die er aufzählte, wurden uns immer wieder genannt, nicht nur von den Armeniern des Gebietes, sondern auch von alten Moslems und Juden und den übrigen Bewohnern des Kaukasus. Überall fanden wir dieselbe Ernährungsweise: Im Gebirge, an der Küste des Schwarzen und des Kaspischen Meeres, von den ländlichen Hochebenen bis hinunter zu den Städten. Kegans Annahme, alle Hundertjährigen würden sich als Armenier erweisen, war ein Trugschluß; aber als Ernährungswissenschaftler freuten wir uns, daß sich die gleichförmige Ernährungsweise als empirische Dominante unserer Forschung erwies.
Alle alten Leute, einerlei welcher Abstammung, haben ihr Leben lang mehr Getreideprotein als Fleischprotein zu sich genommen. Das Fleisch, das sie essen, ist immer mager, fettreiche Fische gibt es in ihrem Gebiet überhaupt nicht. Ungesättigtes Pflanzenfett wird bevorzugt. Fleischfett wird im Kaukasus kaum verwendet. Viele Menschen leben von Joghurt, saurer Milch und selbsthergestelltem Magerkäse. Die Kohlenhydrate liefert hauptsächlich das selbstgebackene Vollkornbrot. Süßigkeiten werden aus Obst hergestellt. Außer im Winter nehmen die Leute Unmengen von Salat und frischem

Gemüse aus dem eigenen Garten zu sich. (Daß die körperliche Betätigung bei der Gartenarbeit vorteilhaft ist, dürfte bekannt sein!)
In Eriwan trafen wir einen Neunzigjährigen, der in Moskau, Georgien und Armenien als Beamter tätig gewesen war und sich erst vor kurzem zur Ruhe gesetzt hatte. Er war nicht nur nach Eriwan gekommen, um an einem Volksfest teilzunehmen, sondern auch, weil er auf Brautschau war. Auch er vertraute Kegan an, daß er bei jeder sich bietenden Gelegenheit gebratene Lammhoden zu essen pflege. Ob die Geschichte von der Wirkung nun wahr ist oder nicht, wenn die Welt nach armenischen Vorstellungen geschaffen wäre, müßten den Lämmern Dutzende von Hoden wachsen, damit der Nachfrage entsprochen werden könnte. Dieser vitale Neunzigjährige erklärte uns: «Meine zukünftige Frau wird Freude an unserer überlieferten Küche haben. Sie wird mir Kichererbsen kochen, weil sie mir Kraft verleihen, und sie wird mir roten Kaviar vorsetzen. Und wenn sie mir gefüllte Muscheln macht, wird sie sich nicht zu beklagen haben.» Wir erfuhren noch einiges von seiner Vorliebe für aphrodisische Speisen. Wie bei Gabriel Tschapnian standen alle alterprobten Gerichte auf seiner Liste. Mit gedämpfter Stimme erklärte er mir, wie sie entstanden und durch mündliche Überlieferung in die armenischen Klöster gelangt waren. Das Wissen dieses quicklebendigen Neunzigjährigen erwies sich für uns als wahre Fundgrube für Informationen.
Eine ebenso köstliche, hochintelligente Greisin war Frau Kenlejan, Kegans Großtante. Ich hielt vier Generationen ihrer Familie auf einem Foto fest. Diese Dame war eine vortreffliche Brotbäckerin, eine eifrige Leserin, und sie verstand sich mit Zauberhänden auf die Herstel-

lung von Süßigkeiten aus Aprikosen, Weintrauben und Mandeln. Ihre Zutaten waren dieselben wie überall: Auberginen, Eibischschoten (Okra), Kürbisse, Gurken, Kräuter, grünes Gemüse, Vollkornweizen, Fisch, Lamm- und Hühnerfleisch. Sie trank nur ausnahmsweise einen Fingerhut Wein oder armenischen Cognac. All diese Dinge kamen bei dem Gastmahl, zu dem sie uns einlud, auf den Tisch, sie selbst aß aber nur wenig. Frau Kenlejan, mit ihren 105 Jahren noch eine äußerst rüstige Erscheinung, hatte einmal von einem Arzt eine Injektion erhalten, worauf ihr Sehvermögen plötzlich nachließ, so daß sie Mühe hatte mit dem Lesen — eine große Tragödie.

Wir besuchten auch Frau Vorperian, die uns ihr Alter verschwieg, jedoch auch auf die Hundert zugehen mußte. Noch immer bereitete sie selbst den Kebab, ein Fleischgericht mit Ingwer und Knoblauch, zu. Erst vor kurzem hatte sie die Gartenarbeit aufgegeben. Sie unternahm gerne Wanderungen, und es machte ihr großen Spaß, für Gäste zu kochen. Außer Salz kannte sie kein Konservierungsmittel, und von chemischen Zusätzen hatte sie noch nie gehört.

Wie die meisten Touristen, die über Beziehungen verfügen, versuchten wir zum angeblich ältesten Menschen der Welt, zu Schirali Mislimow, vorzudringen. Er lebte in der Aserbeidschanischen Sozialistischen Sowjetrepublik, nahe der iranischen Grenze. Er war 178 Jahre alt, als er im September 1973 sanft entschlief. Eine Zeitlang durften ihn wegen seines geschwächten Zustandes nur Blutsverwandte besuchen. So hatten wir keinen Erfolg mit unseren Bemühungen, aber ich habe manches in Erfahrung gebracht über diesen Mann, der so einzigartig war, daß ihm zu Ehren eine Briefmarke herausgegeben wurde, als er 168 Jahre alt wurde. Im wesentlichen soll er sich an die kaukasischen Ernährungsgrundsätze gehalten haben.

Eine 157jährige Ururgroßmutter war unser ältester «Fund». Sie erschien sehr weiblich, gab sich adrett gepflegt und war ebenfalls eine Kochkünstlerin und imstande, den Kindern bei ihren Schulaufgaben zu helfen. Unsere vielen Fragen gingen ihr auf die Nerven, und sie schnitt uns das Wort ab, indem sie ihrer Tochter zurief: «Die Leute wollen mich alt machen! Ich sehe schon mein erstes graues Haar.»

Der 127jährige Garabed war quicklebendig wie die andern. Er freute sich, eine Delegation aus Amerika empfangen zu dürfen, und wollte uns unbedingt seine Kinder, auch sie natürlich Greise, vorstellen. Während wir auf sie warteten, erzählte er uns die alte Volkssage von der Weizengrütze «Herissa»:

Müde vom anstrengenden Tagwerk schlief ein Mönch ein und vergaß so den über dem Feuer hängenden Kochtopf, in dem Weizenbrei die ganze Nacht weiter eindickte. Als der Mönch am folgenden Morgen erwachte, hatte die Grütze die köstliche Konsistenz erreicht, die dieses Gericht auszeichnet. Der Mönch kostete seine zufällige Schöpfung und rief begeistert: «Herissa!» was soviel wie «Halleluja» heißt. Seither trägt die Grütze diesen Namen.

Bald erschienen Garabeds Kinder, und wir bewunderten sie gebührend. Ein weiterer neunzigjähriger Gast gesellte sich dazu und beteiligte sich am Gespräch. Man ließ ihn hochleben, worauf er seinerseits die «Jungen» hochleben ließ und hinzufügte: «Nie mehr seit Dumas Vater und Sohn hat es eine solche Erbfolge von Künstlern im Geschichtenerzählen gegeben.» Unser 127jähri-

ger Gastgeber bedankte sich für das Kompliment mit einer Verbeugung.
«Ich sehe, Sie sind ein literarisch gebildeter Mann», sagte er anerkennend. «Aber Rechnen ist nicht Ihre Stärke.» Und zu uns gewandt: «Dieser Knabe von neunzig Jahren, der letztes Jahr geheiratet hat und demnächst wieder Vater werden wird, ist nicht mein Sohn, sondern mein Enkel.»
Was essen Hundertjährige? Hier das Originalmenü, das eine Greisin uns vorsetzte: Hammelkebab, Schafmilchjoghurt, der so eingedickt war, daß er mit Messer und Gabel gegessen wurde, verschiedenes frisches Gemüse und grüner Salat. Zum Nachtisch gab es Vollkorngebäck, dazu wurde zweierlei Honig gereicht, der eine weißgeschlagen, der andere so fest, daß er ebenfalls mit Messer und Gabel gegessen wurde.
Die kaukasische Diät ist die gesündeste der Welt. Die vielen Hundertjährigen — wie erwähnt bis zu einem Viertel einer Dorfbevölkerung — beweisen es. Ihre Lebensspanne ist nicht nur sehr lang, sie sind auch voll aktive, nützliche Menschen, die das Dasein genießen und von Altersbeschwerden verschont bleiben. Das scheint mir der wesentliche Punkt zu sein.
Drei Monate sind für eine Forschungsreise eine verhältnismäßig kurze Zeit. Doch sie reichten aus, daß ich erkennen konnte, wie exakt die Untersuchungsergebnisse mit den Erkenntnissen übereinstimmten, die ich in meiner langjährigen medizinischen Praxis gesammelt hatte.
Die Angaben über die langlebigen Menschen in Hunza und Vilcabamba (Ecuador) sind oft bezweifelt worden, weil es dort keine Geburtenregister gibt. Mich persönlich bekümmert es zwar nicht, wenn ein Mann behauptet, 127 Jahre alt zu sein, und dabei ein paar Jährchen

hinzufügt. Oder wenn eine 105jährige Frau aus Eitelkeit ihr Alter auf 99 Jahre herabsetzt. Im Kaukasus jedoch werden die staatlichen und kirchlichen Geburtenregister genau geführt, und die Leute erhalten danach ihre Altersrente. Die persönlichen Angaben sind also nachprüfbar, ganz abgesehen davon, daß rüstige Hundertjährige so stolz auf ihr Alter sind, daß sie es gerne aufrichtig angeben.

In einer Beziehung allerdings schwindeln die alten Witwer: wenn sie sich wieder verheiraten wollen. Dann machen sie sich gegenüber der Erwählten etwas jünger und haben angeblich das hundertste Lebensjahr noch nicht erreicht. Viele dieser Neuvermählten zeugen möglichst schnell Kinder, um ihre Männlichkeit in vorgerücktem Alter zu beweisen. Außerdem weiß auch der gesündeste Hundertjährige, daß seine Tage vielleicht schon gezählt sind.

Nein, ich sorge mich nicht, die von mir vorgebrachten Daten könnten bezweifelt werden. Für den Besucher aus dem Westen ist der Augenschein überzeugend. Wohin man blickt, sieht man bejahrte Leute mit großen Familien, die drei bis vier Generationen umfassen. Und sogar die ältesten von ihnen sind voller Kraft und Lebensfreude. Ihre Zahl und ihre Vitalität sind sichtbarer Beweis dafür, daß die kaukasischen Ernährungsgesetze nicht verbessert werden können. Keine andere Diät erhält den Menschen so lange gesund und rüstig wie die kaukasische. Manches bei uns — Medizin, Hygiene und Komfort — ist besser entwickelt als bei den Kaukasiern. Dennoch haben wir es in bezug auf die Lebenserwartung viel weniger weit gebracht als sie, denn unsere Gesundheit wird durch chemische Präparate und Zusätze laufend untergraben. Diejenigen unter uns, die den hundertsten

Geburtstag in voller Frische erleben, sind die ganz seltene Ausnahme.
Die Bedrohung durch Verseuchung nimmt in unseren Breiten dermaßen zu, daß wir uns wohl nur retten werden, wenn wir uns für eine Ernährungsweise entschließen, die ausschließlich auf unverfälschte Nahrungsmittel setzt. Die kaukasische Diät erfüllt diese Bedingung.

Zweites Kapitel
Unsere Selbstvergiftung

Optimale Gesundheit und Langlebigkeit sind nur zu erreichen, wenn man das ganze Leben hindurch die Ernährung beachtet. Richtige Ernährung vor und während der Schwangerschaft gibt Gewähr für gesunde Kinder. Abweichungen beim Speisezettel sollten, wenn überhaupt, eine Ausnahme bleiben. Es genügt nicht, weniger Genüssen zu frönen. Zeitweiliges Fasten ist ebenso schädlich wie sporadisches unbeherrschtes Schwelgen, denn im erstgenannten Fall werden dem Körper lebensnotwendige Nahrungsstoffe vorenthalten.
Wenn man am Morgen als erstes Orangensaft aus der Büchse zu sich nimmt, führt man sich Zitronensäure zu, wie meistens auf dem Etikett zu sehen ist. Vielleicht folgen dem Orangensaft vorfabrizierte Getreideflocken, denen der Schlankheitsbeflissene in Wasser aufgelöstes Magermilchpulver hinzufügt. Unter den Bestandteilen auf der Getreideflockenschachtel ist ein chemisches Konservierungsmittel aufgeführt. Dem vakuumverpack-

ten Speck, den viele gern zum Frühstück mit gebratenen Eiern verzehren, sind laut Angabe Natriumverbindungen beigegeben, die keine Nahrungsmittel, sondern chemische Fleischfärbemittel sind. Die festverpackten Brotscheiben enthalten wahrscheinlich ein Frischhaltemittel, desgleichen die Margarine. Millionen Menschen führen sich auf diese Weise jeden Morgen bereits beim Frühstück Chemikalien zu und vergiften sich, ohne es zu wissen.
Beim Mittagessen dasselbe. Tubenmayonnaise enthält wie viele Margarinemarken EDTA (Aethylendiamintetraessigsäure); Coca-Cola und andere nichtalkoholische Erfrischungsgetränke sind nicht nur künstlich gefärbt, sondern enthalten auch höchstwahrscheinlich Natriumverbindungen; nichts weiter als ein chemischer Cocktail. Brot kann neben dem Frischhaltemittel sechzig verschiedene Zusatzstoffe enthalten, die auf der Verpakkung nicht angegeben werden müssen. Ein Beispiel ist Kalziumbromat, das den Teig aufgehen läßt. Die jeweils geringen Mengen werden von der Gesundheitsbehörde als unschädlich betrachtet, wobei die tägliche Anhäufung übersehen wird. Aus diesem Grunde fügen viele Brotfabrikanten ihren Produkten sechzehn verschiedene Frischhaltemittel hinzu. Man kann sich also leicht ausrechnen, wie sehr die zunehmende Unsitte des mittäglichen «Hamburgers» der Volksgesundheit schadet.
Ähnlich verhält es sich mit den präparierten Saucen. Auf der Flasche steht vielleicht die «harmlose» Information, getrocknete Zwiebeln und ein «Aromat» seien darin enthalten. Aber der Verbraucher wird nicht unterrichtet, daß das Aromat überhaupt keinen und die entwässerten Zwiebeln kaum noch Nährwert haben. Ebenso irreführend sind die Angaben auf der Flasche

mit der präparierten Salatsauce, die ebenfalls das geheimnisvolle Aromat enthält und EDTA zur Konservierung dieses Aromats. Welcher Verbraucher weiß schon über chemische Umwandlungsprozesse Bescheid?
Es gibt kaum ein vakuumverpacktes Nahrungsmittel, sei es Fleisch oder Gemüse, dem keine chemischen Färbe- oder Frischhaltemittel beigefügt worden sind. Sogar der frischen Ware werden oft Konservierungsmittel beigegeben, damit sie sich länger hält und besser aussieht. Das Dessert, das man sich aus einem Pulver zusammenrührt, enthält mit Wasserstoff verbundenes Pflanzenöl, Zukker, Adipinsäure, Polyglyzerolester aus Fettsäuren, künstliches Aromat, chemische Färbe- und Konservierungsmittel, die meist als «bewilligte Hilfsstoffe» bezeichnet werden.
Oliven aus einer Flasche? Darin findet sich Glykuronsäure. Essiggurken und Pickles? Ihnen wird Polysorbat 80 beigefügt. All diesen Nahrungsmitteln werden außerdem Zucker und Salz beigegeben; aber niemand weiß, wieviel von diesen Stoffen man sich einverleibt, wenn man sich der Fabrikware bedient.
Wie die Mahlzeiten auch zusammengestellt sein mögen, die Summe der Chemikalien, die unsere täglichen Nahrungsmittel enthalten — wohlgemerkt, aus rein kommerziellen Gründen —, ergibt eine stattliche Menge. Von Nährstoffen kann dabei keine Rede sein.
Sie sind nicht allesamt schädlich, aber in den Laboratorien, wo sie geprüft werden, genießen sie keinen guten Ruf. In Europa und in den Vereinigten Staaten geben alle Ernährungs- oder Gesundheitsämter Listen heraus, auf denen die behördlich zugelassenen Zusatzmittel verzeichnet sind. Diese Listen sind nur bedingt zuverlässig, denn es muß schon vieles zusammenkommen, bis die

Ämter mißtrauisch werden und ein Verbot erlassen. Schon oft ist es geschehen, daß ein Zusatzmittel in einigen Ländern als gesundheitsschädigend erkannt worden ist, aber nicht in andern.
Der springende Punkt ist jedoch, daß kein Mensch und kein Gesundheitsamt weiß, was alle die zugelassenen Zusatzmittel, deren Zahl sich bis heute auf über 4000 beläuft, in kombinierter Form unserem Körper antun. Keine Forschergruppe kann im Laboratorium die kumulative schädliche Wirkung all der chemischen Stoffe feststellen, die wir uns Tag für Tag mit der Nahrung zuführen. Die Ernährungswissenschaftler machen sich wegen dieser kumulativen Wirkung Sorgen. Es geht um die Frage, ob sich eine einzelne Chemikalie, die in unserem Körper keine schädliche Wirkung zu haben scheint, in Verbindung mit anderen gleichzeitig zugeführten chemischen Präparaten als schädlich oder gar tödlich erweisen kann. Nach einem oft fragwürdigen Standard wird von jedem geprüften Zusatzmittel eine bestimmte Menge zugelassen, die als unschädlich gilt. Aber das Giftpotential aller Kombinationen, die täglich zusammenkommen, läßt sich nicht ermessen, so daß man nicht sagen kann, ob die kurz- oder langfristige Wirkung bei der zunehmenden Verbreitung von Herzkrankheiten, Krebs und anderen Todersursachen eine Rolle spielt.
Es ist nicht meine Absicht, jedes der chemischen Zusatzmittel, die ich oben genannt habe, zu analysieren. Das würde zu weit führen, und dafür gibt es einschlägige Bücher, die allerdings für einen Laien schwerverständlich sind, weil sie von chemischen Formeln wimmeln. Doch sollten meine Leser alles erfahren, was man über die oft verwendeten Färbe- und Konservierungsmittel bis heute weiß. Dann werden sie verstehen, warum sich immer

mehr Menschen, genau wie ich, Zukunftssorgen machen, auf Fabrikware verzichten und natürliche Nahrungsmittel bevorzugen.
Es hat viel zu wenig Forscher gegeben, die, wie Herbert McLean Evans als Mediziner, Ernährungswissenschaft betrieben haben. Darum sind schon ganze Völker in ihr Unglück gelaufen, was die Ernährung betrifft. Erst in jüngster Zeit ist das Interesse an der Nahrung als Heil- und Vorbeugungsmittel erwacht. Meiner Überzeugung nach müßten die Mediziner bei der Frage der Volksgesundheit durch richtige Ernährung die Initiative ergreifen. Das Publikum ist berechtigt, dieses Interesse und diesen Dienst von uns zu verlangen.
Das Wissen über Ernährungsfragen nimmt zwar fortlaufend zu, aber für die Ärzte ist es eine große Versuchung, sich auf die Heilung der Kranken zu konzentrieren und darüber die Vorbeugungsmedizin zu vernachlässigen. Ich richte an meine Kollegen die dringende Bitte, sich um ihrer eigenen Gesundheit und der ihrer Patienten willen, besser darüber zu informieren, welche verheerende Rolle die Zusatzmittel in der der Bevölkerung angebotenen Nahrung spielen.
Es geht nicht nur um die Zusatzmittel an sich. Ich sage meinen Patienten stets: «Kaufen Sie kein Magermilchpulver.» Hierbei handelt es sich um das Herstellungsverfahren. Allzuoft brauchen die Fabrikanten nicht anzugeben, was sie hinzugefügt haben. Die Frage der entzogenen Stoffe bleibt ebenfalls offen. Der präparierten Milch, die heute in den Handel kommt, sind viele Nährstoffe entzogen worden. Beim Absahnen der Milch gehen Vitamine verloren. Die Hitzebehandlung verbrennt Nährwerte.
Rohzucker wird zu weißem Zucker raffiniert, unge-

bleichtes Mehl zu weißem. Es ist eine Ironie des Schicksals, daß das Abfallprodukt der Zuckerindustrie, Melasse, die bei der Raffinade verlorengegangenen Nährstoffe der Runkelrübe enthält. Der Kristallzucker schmeckt zwar köstlich süß, ist aber nicht nur wertlos, sondern sogar einer der größten Übeltäter, was die Untergrabung der Gesundheit betrifft. Unsere Vorfahren kannten den Zucker nicht, und erst im neunzehnten Jahrhundert begann die Zuckerindustrie in Europa aufzublühen. Arme konnten sich dieses süße Gift noch in den 1860er Jahren nicht leisten; vermutlich ahnten sie nicht, wie bekömmlich ihnen das war.

Von allen Bösewichten auf unserer Ernährungsbühne ist das Weißmehl der schlimmste. Allein in Anbetracht der Geldentwertung und der zunehmenden Teuerung sollte die Hausfrau ihr Geld nicht für Weißmehl und Weißbrot ausgeben, sondern ausschließlich für Vollkornmehl, das ein wertvolles Nahrungsmittel ist.

Ich spreche mit meinen Patienten häufig über die Selbstvergiftung. Die 170 Pfund weißer Zucker, die wir uns jährlich zuführen, sind ein schlimmes Gift. Am besten ist es, sich das Brot nach alter Sitte selbst zu backen. Nur so kann man ganz sicher sein, daß ausschließlich Vollkornmehl und überhaupt kein Zusatzmehl verwendet wird. Auf Seite 221f. findet man zwei vortreffliche Brotrezepte, und wer ein übriges tun will, der schaffe sich ein Büchlein mit Brotrezepten an. Auf diese Weise kann man für Abwechslung sorgen. Welches Getreide man auch immer wählt, ob Weizen, Roggen, Gerste oder Hirse, das Mehl sollte immer unraffiniert sein. Wenn man den Großverteilern und ihren Produkten nicht traut, kann man es sich im Reformhaus kaufen. Allgemein verbreitetes Selbstbacken ist die einzige Möglichkeit, die Großbäckereien dazu zu bringen, dem Nährwert den Vorrang zu geben vor künstlich frischgehaltenen Ladenhütern, und ein Hauptlebensmittel zu liefern, das der Gesundheit zuträglich ist.

Wir können uns selbst helfen, wenn wir ehrlich wollen. Wir müssen uns zur Wehr setzen gegen die Industrie. Meiner Überzeugung nach steht für viele Menschen das Leben auf dem Spiel, wenn sie sich nicht aus der Falle befreien und andere Eßgewohnheiten annehmen.

Noch ein Wort über den Zucker. Ich halte nicht viel davon, den raffinierten Zucker durch Rohzucker, Honig oder Ahornsaft zu ersetzen. Das sind zwar Naturprodukte, weniger schädlich als weißer Zucker, aber sie tragen durch ihren leeren Kaloriengehalt in Form von Kohlenhydraten zur Selbstvergiftung bei. Der weiße Zucker sollte vom Speisezettel gestrichen, der genannte Ersatz möglichst selten verwendet werden. Meine Diät enthält genügend Kohlenhydrate, so daß leere Kalorien überflüssig sind. Fast alle gesunden Bodenfrüchte bieten uns Kohlenhydrate. Die Vorliebe für Süßigkeiten, die nicht nur die Zähne ruinieren, führt zu übermäßiger Einnahme von leeren Kalorien, die den Körper überlasten, das Herz ermüden, die Energieproduktion hemmen, Magen und Darm zusetzen und dick machen.

Die Selbstvergiftung wird uns heute leichtgemacht durch Zufuhr von Chemikalien und präparierten, raffinierten, vorfabrizierten Lebensmitteln.

Alles in allem hat die Nahrungsmittelchemie der Menschheit nichts Gutes beschert, mag sie auch der Hausfrau viel Arbeit ersparen und den mittäglichen Schnellessern in den Kram passen. Es wäre jedoch unrichtig, die Lebensmittelindustrie als den allein Schuldigen an unserem jämmerlichen Gesundheitszustand zu

bezeichnen. Sie trägt allerdings sehr dazu bei. Wir sind im übrigen nicht dafür geschaffen, in einer Umwelt zu leben, wo Luft und Wasser verseucht sind, und dem Boden die für uns lebenswichtigen Bestandteile entzogen werden. Alle diese Umstände wirken sich zusammen aus und untergraben die Volksgesundheit.
An Warnungen fehlt es gewiß nicht, aber von einer Umkehr ist nichts zu bemerken. Um der Industrie willen wird weiter Schindluder getrieben. So bleibt es dem einzelnen überlassen, im Rahmen seiner Möglichkeiten wenigstens von den heutigen schlechten Eßgewohnheiten abzugehen und einen neuen Weg einzuschlagen, richtiger gesagt, dem uralten Weg zu folgen, der es unseren Altvordern ermöglicht hat, die mindestens ebenso großen Lebensgefährdungen zu überstehen.
Wir sind nicht machtlos, obwohl es so scheinen mag. Es muß nicht sein, daß wir vorzeitig altern und an Zivilisationskrankheiten sterben. Wenn wir uns die zahlreichen Schätze der Natur zunutze machen, können wir den unseligen Zeiterscheinungen entgegenarbeiten.

Drittes Kapitel
Kohlenhydrate, Fette und Proteine

Der menschliche Organismus braucht zur Lebenserhaltung selbstverständlich Kalorien. Aber kein Mensch hat jemals eine Kalorie gesehen. Die Kalorie (behördlicherseits neuerdings durch «Joule» ersetzt) ist eine Wärme-Einheit. Sie ist, wie das Joule, das Maß für Energiezu-

fuhr und Energieverbrauch im Stoffwechselhaushalt unseres Körpers.
In bezug auf die Ernährung gibt es drei Kalorienarten, unterschieden nach den Lieferanten Kohlenhydrate, Fette und Proteine. Anders ausgedrückt: Jede Kalorie stellt zwar dieselbe Wärmemenge dar, kann aber von dreierlei Nahrungselementen stammen, die sich verschiedenartig auswirken.

Kohlenhydrate

Unter Kohlenhydraten hat man sich die Nahrungselemente Zucker, Zellulose und Stärke vorzustellen. Kohlenhydrate sind das Heizmaterial, das am schnellsten Muskelkraft erzeugt. Es macht jedoch einen großen Unterschied, ob man sie sich in Form von unverfälschten Naturprodukten — Getreide, Obst, Kartoffeln, Gemüse — oder in Form von Zucker, Süßigkeiten und raffiniertem Getreide zuführt.
Kohlenhydrate sind nicht nur unerläßlich zur Stärkung der Muskeln, sondern der Mensch braucht auch eine gewisse Menge, weil sein Körper ohne Kohlenhydrate die in der Nahrung enthaltenen und von ihm aufgespeicherten Fettstoffe nicht richtig verdauen kann. (Fett wird nur halb verbrannt, wenn keine Kohlenhydrate vorhanden sind.)

Fette

Die zweite Kalorienart wird von den Fettstoffen geliefert. Sie finden sich in Hülle und Fülle in Rahm, Butter, Speck, Eigelb und anderen Nahrungsmitteln. Der Grund, warum die Fettstoffe meistens im Übermaß im menschlichen Körper vorhanden sind, ist darin zu suchen, daß unser Körper selbst Fett bilden kann und daß er überschüssige Kalorien in dieser Form als Notvorrat aufspeichert (270 Kalorien liefern ungefähr 30 g Fett).
Fette sind ebenfalls wesentlich für die normale Ernährung. Es ist erwiesen, daß durch eine völlig fettfreie Diät Nierenkrankheiten und Gleichgültigkeit gegenüber dem anderen Geschlecht hervorgerufen werden. Andererseits werden die für eine normale Ernährung wichtigen Fettstoffe dem Körper in hinreichender Menge auch dann geliefert, wenn man, um abzunehmen, auf Butter, Speck und Öle verzichtet. (Zum Beispiel enthält ein mittelgroßer Apfel 6 Fettkalorien, eine Scheibe Knäckebrot 7, eine Forelle blau (200 g) 43, ein Eigelb 45, 100 g gehacktes Rindfleisch 57.) Mineralöl wird unverwertet ausgeschieden, behindert aber die Resorption der Vitamine A, D, E und K.

Proteine (Eiweißkörper)

Eine Eiweißkalorie entfaltet eine spezifische dynamische Wirkung, wie der Fachausdruck lautet. In bezug auf Energieanregung sind die Eiweißkalorien sieben- bis achtmal tüchtiger als die Kalorien der Kohlenhydrate und Fette. Eine wichtige Eigenschaft der Eiweißkörper ist ihre Fähigkeit, den Menschen gegen

Infektionen zu verteidigen und ihm Immunität gegen dadurch verursachte Krankheiten zu verleihen. Im Gegensatz zu den Vitaminen, die die Widerstandskraft auf indirektem Wege stärken, können Proteine in dieser Hinsicht als Heilmittel betrachtet werden. Der Unterernährte, der das Opfer von allen möglichen Infektionen wird, nimmt meistens nicht genügend Proteine zu sich, so daß seinem Blut die Abwehrmöglichkeit fehlt. Die Eiweißzufuhr ist zwar kein Allheilmittel, spielt aber eine sehr wichtige Rolle für den allgemeinen Gesundheitszustand.

Proteine erfüllen außerdem noch viele Aufgaben: Sie sind es hauptsächlich, die dafür sorgen, daß überflüssiges Wasser ausgeschieden wird, und gegen Ödeme können andere Schutzfaktoren nicht wirksam werden, wenn es an Eiweiß mangelt. Außerdem könnte der Mensch ohne Eiweiß kein Wasser in der Blutbahn festhalten. Eiweißkörper regen nicht nur die allgemeine Körpertätigkeit und den Stoffwechsel an, sondern dienen auch als Gerüst- und Stützsubstanz, ersetzen abgenutztes Gewebe, wirken als Puffersubstanz mit und liefern Material für wichtige Drüsenhormone.

Bau und Wirkung der Proteine sind viel schwerer zu ergründen als die der Vitamine, denn das Eiweißmolekül ist eines der kompliziertesten Gebilde der Natur. Wenn man ein saftiges Beefsteak verzehrt, werden seine Eiweißkörper im Magen und Dünndarm in die Aminosäuren aufgespalten, aus denen sie bestehen. Der geringe Teil der Aminosäuren, den der Körper nicht resorbiert, wird erst im Dickdarm abgebaut. Die resorbierten Aminosäuren werden vom Blut aufgenommen und durch den Kreislauf den Zellen der verschiedenen Organe zugeführt. So kann eine einzelne Zelle einen

Eiweißbaustein in Gestalt einer besonderen Aminosäure sozusagen herausgreifen und ihn benutzen, um ein Loch in ihrer Struktur zu stopfen. In der Schilddrüse wird eine andere Aminosäure herausgegriffen, die zur Bildung des Schilddrüsenhormons dient. Auf diese Weise werden die Bestandteile des ursprünglichen Eiweißmoleküls im Beefsteak für ganz und gar verschiedene Zwecke verwendet.

Auf die vollständigen Eiweißstoffe tierischen Ursprungs legt man bei der Ernährung deshalb so viel Wert, weil sie alle bisher bekannten Aminosäuren liefern, wogegen den Getreideprodukten und dem Gemüse viele wichtige Aminosäuren fehlen. Mehrere wesentliche Aminosäuren kann der menschliche Organismus nicht selbst herstellen; da sie aber lebensnotwendig sind, müssen sie ihm wie die Vitamine und Spurenelemente mit der Nahrung zugeführt werden.

Die frühere Annahme, allzu starke Proteinzufuhr sei gesundheitsschädigend, hat sich längst als Trugschluß erwiesen. Starke Eiweißzufuhr kann, außer in bestimmten Krankheitsfällen, unbegrenzt fortgesetzt werden, sofern man dafür sorgt, daß der Körper auch die ungemein wichtigen Vitamine und Mineralstoffe erhält. Die kleinste Proteinmenge, mit der man auskommen kann, wird auf täglich etwas weniger als zwei Kalorien je Pfund Normalkörpergewicht veranschlagt. Diese Menge deckt allerdings nur die Ersatzbedürfnisse des Körpers; sie genügt nicht, andere Kalorien zur Tätigkeit anzutreiben. Lediglich die überschüssigen Eiweißkalorien haben diese spezifische dynamische Wirkung.

Viertes Kapitel
Die notwendigen Vitamine

Es ist wichtig, Beschaffenheit, Wirkung und Vorkommen der verschiedenen Vitamine zu kennen, damit man sie dem Körper bewußt zuführen kann. Die folgenden Angaben über die erforderliche Tagesmenge gelten nur für Erwachsene, nicht für Kinder.

Beim Fehlen von Vitaminen können Mangelkrankheiten auftreten, wie heute fast jeder weiß. Weniger bekannt ist, daß übermäßige Zufuhr von Vitaminen — besonders bei Kindern zu vermeiden — ebenfalls Krankheiten herbeiführen kann. Im ersten Fall spricht man von Avitaminosen (außer Beriberi, Skorbut, Pellagra und Rachitis sind heute noch viele Zivilisationskrankheiten als Avitaminosen identifiziert), im zweiten Fall von Hypervitaminosen.

Allzuoft ist unzureichende Nährstoffzufuhr über einen längeren Zeitraum die Ursache eines schlechten Gesundheitszustandes oder verminderter Widerstandskraft gegen Krankheitserreger. An sich ist das keine neue Erkenntnis. Jahrhundertelang erkrankten und starben Matrosen auf langen Seereisen, bis man dahinterkam, daß sie infolge Vitamin-C-Mangels an Skorbut erkrankten, weil sie lange Zeit kein Obst und kein frisches Gemüse zu essen bekamen. Im Krimkrieg starben 25 000 Soldaten wegen falscher Ernährung, nicht in der Schlacht; im Amerikanischen Bürgerkrieg starben 15 Prozent der sogenannten Gefallenen an Skorbut.

Oft wird behauptet, synthetischer Ersatz sei ebensogut wie die natürlich vorkommenden Nährstoffe. Dabei wird jedoch übersehen, daß Abbau und Verwertung im Organismus auf verschiedene Weise vor sich gehen. Es gibt jedoch Ausnahmen. Pantothensäure, ein Vitamin des B-Komplexes, die in der üblichen verfeinerten Küche ganz fehlt, erhält der Körper selten in genügender Menge, und es ist möglich, daß sie ihm in synthetischer Form zugeführt werden muß. Auch diejenigen Menschen, die gegen Zitrusfrüchte, Eier, Tomaten, Erdbeeren und Weizen allergisch sind, sollten ihren Tagesbedarf an Vitamin C unter Umständen durch synthetische Ascorbinsäure decken.

Der Nährwert unserer Lebensmittel hängt nicht zuletzt von ihrer Frische ab und auch von der Art, wie sie zubereitet werden. Gießt man etwa Kochwasser einfach weg, so geht der größte Teil der wasserlöslichen Vitamine verloren.

Vitamin A

Der Tagesbedarf des Erwachsenen beträgt etwa 5000 Internationale Einheiten. Das fettlösliche Vitamin A kommt in vorgebildeter Form in Hülle und Fülle vor: als Fettsäureester in Fischlebertran, Säugetierleber, Eingeweiden und Fleisch von Meerfischen, in Milch, Rahm, Butter, Weizenkeimen, Eigelb, Käse und als Carotine in grünen Salatpflanzen, Petersilie, Mohrrüben, Tomaten, Broccoli, Grünkohl, Spinat, Kresse, Lattich, Hagebutten, Kürbis, Paprika, Aprikosen und Orangen.

In Anbetracht des häufigen Vorkommens bereitet es keine Schwierigkeiten, dem Organismus die benötigte Menge zuzuführen, immer vorausgesetzt, die Lebensmittel sind frisch und werden nicht zerkocht. Vitamin A wird rasch resorbiert und hauptsächlich in der Leber, aber auch in den Lungen, Nieren, Keimdrüsen und Nebennieren gespeichert. Ein Mangel bewirkt Schleimhautentzündung und Nachtblindheit, Haarausfall, Anfälligkeit für Infektionen, verzögerte Wundheilung, Neigung zu Steinbildung und endogen bedingte Magersucht.

Die kaukasische Diät ist reich an Vitamin A. Das dürfte unter anderem die Erklärung dafür sein, daß wir bei den Kaukasiern Fruchtbarkeit bis ins hohe Alter, gesunde Leber und sehr selten Krebs feststellten. Vielleicht spielt längerer Vitamin-A-Mangel bei der Empfänglichkeit für Krebs eine Rolle. Jedenfalls schädigt er die Leber und vermindert ihre Fähigkeit, lebenswichtige Enzyme zu bilden.

Vitamin A wird durch zu starkes Kochen zerstört. Man sollte Vitamin-A-haltiges Obst und Gemüse also möglichst in rohem Zustand zu sich nehmen, jedenfalls beim Kochen sehr wenig Wasser verwenden (Dampfkochtopf!) und Zerkochen oder Durchbraten vermeiden. Auch Licht zerstört Vitamin A. Das ist mit einer der Gründe, warum Obst und Gemüse so frisch wie möglich sein müssen. Wenn Vitamin A und Vitamin E zusammen eingenommen werden, verstärken sie gegenseitig ihre Eigenschaften. Es scheint fast, als wüßten die Kaukasier dies, denn zum Vitamin-E-haltigen Bulgur (Brei aus getrockneten, grobgemahlenen und gekochten Weizenkörnern) nehmen sie gewöhnlich ein paar Löffel Joghurt, wie sich überhaupt ihre Mahlzeiten durch eine geschickte Zusammenstellung von Aminosäuren und Vitaminen auszeichnen.

Vitamin B_1 (Thiamin)

Tagesbedarf: 1,5 bis 2,5 mg. Vitamin B_1 ist für die Funktion des Nervensystems unentbehrlich und greift vor allem in den Abbau der Kohlenhydrate ein. Bei Mangel an Vitamin B_1 kann es zu schweren Krankheitserscheinungen kommen, zum Beispiel zu Beriberi. Die ersten Symptome des Mangels können Leistungsminderung, Kopfschmerzen, Müdigkeit, vegetative und neurologische Erscheinungen sein.
Vitamin B_1 kommt besonders in Hefe (Nährhefe, nicht etwa Backhefe), Joghurt, Getreidekeimen, Samenkörnern und wildem Reis vor, ferner in Kartoffeln, magerem Fleisch, Leber, Herz, Hirn, Muscheln, Austern, Fischrogen, Erbsen, Linsen und Mandeln. Auch viele Kräuter (Petersilie, Kresse, Pfefferminze) und eßbare Wildpflanzen, zum Beispiel Löwenzahn, liefern das Vitamin. Außer wilden Beeren enthalten die meisten Früchte jedoch sehr wenig davon. Nahrungsmittel, die Vitamin B_1 enthalten, dürfen ebenfalls nicht zerkocht werden; das Kochwasser sollte man nicht weggießen.
Längere Zufuhr von Abführmitteln, Antibiotika und anderen Medikamenten kann die Darmflora beeinträchtigen, die die Verwertung des Vitamin-B-Komplexes bewirkt. Das läßt sich verhindern, indem man vor allem bei Einnahme von Antibiotika jeden Tag mindestens einen Becher Naturjoghurt zu sich nimmt.

Vitamin B_2 (Riboflavin)

Tagesbedarf: 1,5 bis 2,6 mg. Vitamin B_2 kommt ebenfalls in pflanzlichen und tierischen Produkten vor, nament-

lich in Hefe, Weizenkeimen, Sojabohnen, Milch, Eiern, Joghurt, Leber, Niere, Herz, wilden Pflanzen, Broccoli, Pilzen, Mandeln, Nüssen, Samenkörnern, Petersilie und grünem Salat. Es ist lichtempfindlich.
Bei Vegetariern besteht die Gefahr, daß sie sich zu wenig Vitamin B_2 zuführen, wenn sie sich einseitig ernähren.

Vitamin B_3 (Niacin)

Tagesbedarf: 10 bis 18 mg. B_3 wird in der Leber gespeichert und im Urin ausgeschieden. Es gilt als Antipellagra-Vitamin. Seine Wirkung wird durch die Wirkstoffe der anderen Vitamine des B-Komplexes unterstützt. Bei Mangel entstehen schwere Stoffwechselsymptome, Störungen des Zentralnervensystems sowie Psychosen. Anscheinend hat B_3 einen Einfluß auf das Gedächtnis. In Verbindung mit den anderen Vitaminen des B-Komplexes ist Niacin wichtig für Gehirnfunktionen, Zucker-Stärke-Stoffwechsel, Gewebeatmung und andere Körperfunktionen. In der Medizin spielt erhöhte Zufuhr durch Präparate eine bedeutende Rolle.
Vitamin B_3 kommt im Vollkorn, in unpoliertem Reis, Hefe, Hühnerfleisch, Leber, Lamm- und Schweinefleisch, Zunge, Herz, Niere, Erdnußbutter, Mandeln, Pilzen, Aprikosen, Melonen, Fischrogen, Krebsen und Muscheln, Hering und Lachs vor.
Das von Pflanzen stammende Vitamin B_3 muß der Körper umwandeln, da es im Abbaustoffwechsel als Enzymbaustein dient.

Vitamin B_6 (Pyridoxin)

Tagesbedarf: 2 bis 4 mg. Vitamin B_6 wirkt sich am besten in Verbindung mit Magnesium aus. Es hat Einfluß auf die Gehirntätigkeit und den Protein-Stoffwechsel. Bei Mangel sind große Mengen erforderlich, bis das Gleichgewicht wiederhergestellt ist. Wenn man aus Diätgründen von proteinarmer Ernährung zu proteinreicher wechselt, muß für erhöhte Zufuhr von Vitamin B_6 und Magnesium gesorgt werden. Potenzverlust kann auf B_6-Mangel beruhen. Zusammenhänge zwischen epileptischen Krämpfen bei Säuglingen, durch Schwangerschaft bedingte Krankheitszustände und Schizophrenie einerseits und Pyridoxinmangel andrerseits werden vermutet. Mangelsymptome sind Hautveränderungen, namentlich im Gesicht (Akne), neurologische Erkrankungen, Anämie, verschiedene Formen des Tremors (Zittern), zu kurz oder zu lange dauernde Regelblutung, postoperatives Erbrechen und Kinetosen (sogenannte See-, Luft- oder Autokrankheit).
Vitamin B_6 kommt in Vollkorngetreide, unpoliertem Reis, Leber, Niere, Herz, Milz, Kalbsbries (Milken), Nuß- und Samenöl, Melasse, Honig und Eigelb vor.
Beim Einweich-, Koch- und Bratprozeß kann mehr als die Hälfte des Gehalts verlorengehen, wenn man mit dem Kochgut nicht bedachtsam umgeht. Auch dieses wasserlösliche Vitamin wird oft mit dem Wasser weggegossen.

Pantothensäure

Der Tagesbedarf wird auf 10 bis 50 mg geschätzt (die Forscher sind sich in diesem Punkt noch nicht einig).

Um Irrtümern vorzubeugen: Die bis zum Vitamin C weiterhin aufgezählten Vitamine gehören alle zum B-Komplex. Diese wasserlöslichen Vitamine, als Komplex bezeichnet, kommen meistens gemeinsam vor und sind in ihren Wirkungen sehr ähnlich, so daß die Avitaminose eines einzelnen B-Vitamins selten ist; Avitaminosen sind eher breitgefächerte Mangelerscheinungen.

Pantothensäure ist stark am Fettstoffwechsel beteiligt und bei der Körperchemie, die Nahrung in Energie umwandelt, unerläßlich. Ohne Pantothensäure können die Hormone der Nebennierenrinde nicht gebildet werden. Mangelsymptome sind vorzeitiges Ergrauen und Haarausfall, Infektionsanfälligkeit, Störungen des Magen-Darm-Trakts und des Nervensystems, Degeneration der Leberzellen, schmerzhaftes Brennen der Füße, abnorme Empfindungen wie Kribbeln und taube Hautstellen (sogenannte Parästesien).

In der Muttermilch ist das Verhältnis zwischen Pantothensäure und Vitamin B_1 ungefähr 18 zu 1. Dieses Verhältnis dürfte für die Menschen aller Altersstufen ideal sein, besonders für diejenigen, die starkem Streß ausgesetzt sind, und für Leistungssportler, denen ich die tägliche Einnahme von 100 mg Pantothensäure sowie entsprechende Erhöhung der B_1-Zufuhr empfehle. Im Normalfall decken meiner Erfahrung nach 36 mg Pantothensäure den Tagesbedarf.

Das Vitamin ist in jeder lebenden Zelle enthalten, insbesondere in Hefe, Vollkorngetreide und unpoliertem Reis, Weizen- und Reiskleie, Hafer, Linsen, Erbsen, Bohnen, Sojabohnen, Kohl, Blumenkohl, Broccoli, Pilzen, Lachs, Flunder, Seezunge, Melasse, Milch, Eiern, Leber und Geflügel.

Trockene Hitze zerstört Pantothensäure. Darum empfehle ich all meinen Patienten, den Toaster wegzuwerfen. Daß Weißmehl und polierter Reis ihren Pantothensäure-Gehalt verloren haben, braucht wohl kaum mehr gesagt zu werden.

PAB

PAB ist die Abkürzung von Paraaminobenzoesäure. Auf den Tagesbedarf hat man sich noch nicht geeinigt, ich selbst setze ihn mit 36 mg fest. Für Heilzwecke verschreibe ich 100 mg. PAB ist für verschiedene Mikroorganismen ein unentbehrlicher Wachstumsfaktor. Vermutlich ist sie Bestandteil eines für Mikroorganismen wichtigen Enzyms, das durch Sulfonamide blockiert wird, denn sie ist eine Zwischenstufe bei der Folsäure-Synthese, die bekanntermaßen durch Sulfonamide gehemmt wird. Sie ist ferner wichtig bei der Behandlung von B-Hypovitaminosen; das erklärt sich durch ihre indirekte Wirkung auf die Bakterien der Darmflora, die Folsäure synthetisieren.
PAB wird von magerem Fleisch, Hefe, Nüssen, Samenkörnern, Vollkornbrot, natürlichem Getreide, Weizenkeimen und grünblättrigem Gemüse geliefert.

Inosit

Tagesbedarf: 1,5 bis 3 mg. Wie Pantothensäure und PAB gilt Inosit als verjüngendes Vitamin. Alle drei zusammen verhindern das Ergrauen und den Ausfall der Haare. Inosit beteiligt sich am Fetttransport, nimmt wahrscheinlich an bestimmten Kohlenhydrat-Abbaureaktionen teil

und verhütet zusammen mit Cholin Leberverfettung und Arterienverkalkung.
Sowohl Inosit als auch Cholin finden sich in Eigelb, Sojaprodukten und allen Nahrungsmitteln, die Lezithine enthalten (Herz, Niere, Hirn, Leber und Samenkörner). Weitere Inositlieferanten sind Hülsenfrüchte, Weizenkeime, Orange, Grapefruit, Melone und Melasse.
Anmerkung: Kaffeeliebhaber sollten sich eine Sonderzufuhr an Inosit gönnen, denn Coffein zerstört Inosit. Wer viel Kaffee und Cola trinkt, braucht mehr als 3 mg Inosit.

Cholin

Tagesbedarf: 1,5 bis 2 mg, unter Umständen 3 mg. Cholin regt die Darmtätigkeit an und vermindert die Fettablagerung. In Verbindung mit Vitamin C, Inosit und Vitamin E hat es einen günstigen Einfluß auf die Leber. Alkoholiker, die feste Mahlzeiten auslassen, leiden oft Mangel an diesen lebenswichtigen Vitaminen. Wer stark fett- und proteinreiche Nahrung zu sich nimmt, sollte für erhöhte Cholinzufuhr sorgen. Cholinmangel führt zu Fettleibigkeit, hohem Blutdruck, Herzkrankheiten, Arterienverkalkung, Verminderung der Nierentätigkeit und Empfänglichkeit für Diabetes.
Cholinquellen sind Hefe (3 Teelöffel voll Bierhefe liefern 1,050 mg Cholin), Leber, Herz, Hirn, Niere, Kalbsbries, Eingeweide, Eigelb, Fischrogen, Fisch und Geflügel, Sojabohnen, Hülsenfrüchte, grünblättriges Gemüse, Spinat und natürliches Getreide.
Wer zwecks Abmagerung Fett verbrennen möchte, sollte nach jeder Mahlzeit Lezithintabletten zu sich nehmen oder die Gerichte mit Lezithinpulver bestreuen.

Biotin

Tagesbedarf: 1 mg. Biotin wird das aufheiternde Vitamin genannt, weil starker Biotinmangel schwere Depressionen hervorruft.
Eine negative Eigenschaft des Biotins muß man jedoch kennen: Hohe Gaben von rohem Hühnereiweiß können eine Biotin-Avitaminose hervorrufen, die sich in fleckigschuppiger grauer Haut an Händen, Armen und Beinen äußert; die Talgproduktion der Haut versiegt, die Zunge ist blaß, der Cholesteringehalt im Blutplasma steigt auf über 200 mg pro 100 g Plasma.
Suppenliebhaber tun gut daran, die Suppe statt mit Mehl mit leicht geschlagenen Eiern und etwas Zitronensaft zu verdicken. Selbstgemachte Mayonnaise, Hollandaise und andere Saucen sollten nur mit Eigelb zubereitet werden. Rühreier dürfen nicht flüssig sein, sondern müssen durchgekocht werden. Bei all dem geht es darum, kein rohes Eiweiß zu sich zu nehmen.
Die besten Biotinlieferanten sind *gekochte* Eier, Leber, Blumenkohl, die meisten Nüsse und Samenkörner. Ferner ist Biotin enthalten in magerem Fleisch (auch in Schweinefleisch), Mais, Weizenkeimen, Joghurt und Pilzen. 100 g Rindsleber enthalten 1 mg Biotin, decken also den Tagesbedarf.

Folsäure (Pteroylglutaminsäure)

Tagesbedarf: 1 mg. Folsäure ist ein Wachstumswirkstoff und beeinflußt bestimmte Formen des Blutbildes günstig. Folsäure und Vitamin B_{12} stehen in enger Wirkungsgemeinschaft. Während Folsäure früher als das

Heilmittel gegen perniziöse Anämie galt, ist Vitamin B_{12} heute das Mittel der Wahl.
Folsäuremangel kann gefährlich sein. Symptome sind Störungen des Knochenwachstums, Bildungs- und Wachstumsstörungen der Haare, entzündliche Veränderungen der Mundschleimhaut, Atropie des lymphatischen Gewebes, krankhafte Veränderungen des Blutbildes. Schwangere, die Diät leben, um schlank zu bleiben, leiden öfters an Folsäuremangel.
Die Leber, die in vieler Hinsicht als Nährstoffspeicher dient, ist unser bester Folsäurelieferant. Dieses wichtige Vitamin kommt ebenfalls vor in Spargeln, dunkelgrünem Blattgemüse, Broccoli, Rosenkohl, Brunnenkresse, Eigelb, Joghurt, Käse, Mandeln, in kleinerer Menge auch in Salat, Aprikosen, Beeren, Mandarinen, Kokosnüssen, Datteln, Avocados, Mais, Buttermilch und Kefir. Pflanzenkeime, die sie ebenfalls enthalten, sollten roh gegessen werden.

Cobalamin (Vitamin B_{12})

Tagesbedarf: 0,003 mg. Gemeinsam mit Folsäure ist Vitamin B_{12} am Stoffwechsel beteiligt; es hat Einfluß auf den Fett- und Kohlenhydratstoffwechsel. Bei Mangel an Vitamin B_{12} wird die Bildung von Aminosäuren und Proteinen vermindert und die Bildung der Ribonukleinsäure blockiert.
Diese Störungen wirken sich besonders im Nervengewebe und in den blutbildenden Organen aus. Mangelsymptome sind perniziöse Anämie mit Zungenentzündung sowie neurologische Störungen und diabetische Neuropathie.

Cobalamin, das von Darmbakterien gebildet wird, ist lichtempfindlich, wasserlöslich und verträgt weder sauren noch alkalischen Überschuß.
Am meisten B_{12} liefern Leber, Niere, Käse, Joghurt, Fisch, Fischrogen, Algen, Vollkornweizen und Vollkornbrot, in etwas geringerem Maße Sojabohnen und Eier.

Vitamin B_{15} (Pangamsäure)

Über die Funktion von Vitamin B_{15} ist noch wenig bekannt. Es soll in die Oxydationsvorgänge eingreifen. Das Vitamin kommt in Aprikosenkernen, Reiskleie und Samenkörnern vor.

Vitamin C (Ascorbinsäure)

Tagesbedarf: 30 mg. Der Mehrbedarf von schwangeren und stillenden Frauen ist beachtlich. Vitamin C ist wasserlöslich und leicht zerstörbar. Da der Organismus es nicht speichern kann, bedarf er der täglichen Zufuhr. Sehr häufig ergeben sich Anzeichen einer Erschöpfung der Vitamin-C-Vorräte im Körper in Form von rascher Ermüdbarkeit, Appetitlosigkeit, Atemnot, Herzbeschwerden, Blutungsneigung (Nasenbluten), Anfälligkeit für Infektionen, Trägheit der Magen-Darm-Funktionen, Verstopfung, Windverhaltung, Leib- und Kopfschmerzen. In diesem Fall kann die Leber auch kein Prothrombin bilden, das ein wichtiger Blutgerinnungsfaktor ist. Das Vitamin greift in die Oxydations-Reduktionsprozesse ein, ist an der Aktivierung von Enzymen beteiligt, wirkt mit bei Bildung und Unterhalt der Gewebe und ist in so vielfacher Weise an der Körperchemie beteiligt, daß man es den Aktivator des gesamten Zellstoffwechsels nennen kann. Es erhöht vor allem die natürliche Resistenz gegen Infektionskrankheiten.

Die eigentliche C-Avitaminose, der Skorbut, ist heute selten. Die sogenannte Moeller-Barlowsche Krankheit ist die C-Avitamose des Säuglings, der täglich 10 mg braucht. Als Pharmakon dient die Ascorbinsäure bei Grippe, Angina, Lungenentzündung, Rheumatismus und Knochenbrüchen. Meiner Erfahrung nach verhilft Vitamin C auch zur besseren Verwertung der Vitamine A, B und E, der Proteine sowie der Eisen- und Kalziumzufuhr.

Beim Kontakt mit Kupfer geht Vitamin C zugrunde. Deshalb sollen C-haltige Nahrungsmittel nicht in Kupferkesseln gekocht werden.

Vitamin C kommt in allen lebenden Geweben vor. Für uns sind die besten Vitamin-C-Träger Zitrusfrüchte, Kiwis, Beeren, Tomaten, Pfefferschoten, Paprika, grünes Gemüse und Leber. Alle diese Produkte müssen vor Licht und Hitze geschützt werden und sollten erst kurz vor Gebrauch zerschnitten werden. Der frische Zustand ist wesentlich.

Für den Gesunden ist es wichtig, daß er sich täglich die erforderliche Menge zuführt, denn das Bedürfnis nach Vitamin C bleibt konstant. Eine frische Frucht als Zwischenmahlzeit ist der Gesundheit bei weitem zuträglicher als ein Stück Kuchen.

Vitamin D

Tagesbedarf: 400 Internationale Einheiten (schwangere und stillende Frauen benötigen 600 bis 700 Einheiten). Vitamin D gehört zur Gruppe der antirachitischen Vitamine. Es ist für die Skelettentwicklung, besonders für den Kalzium- und Phosphatstoffwechsel notwendig. Wie andere fettlösliche Vitamine ist D nicht lichtempfindlich, aber es muß vor dem Ranzigwerden der Vitaminträger bewahrt bleiben. Vitamin D enthält drei Bestandteile, D_2, D_3, D_4, die sich aus verschiedenen Vorstufen durch ultraviolette Bestrahlung bilden.
Symptome des Vitamin-D-Mangels beim Säugling und Kleinkind sind Wachstumsstörungen, Offenbleiben der Fontanelle, Schreckhaftigkeit, niedergedrückte Stimmung, Schwitzen am Kopf und Anzeichen von Rachitis. Vor extremen Gaben an synthetischem Vitamin D muß gewarnt werden. Sie können eine sogenannte Kalzinosewirkung haben, das heißt eine durch Überdosierung entstandene erhebliche Erhöhung des Blut-Kalzium-Spiegels bewirken, die zu Vergiftungserscheinungen und oft zum Tode führt.
Vitamin D_3 kommt (neben sehr kleinen Mengen D_2) in Leber- und Eingeweideölen, besonders der Meerfische, vor, Vitamin D_2 in der Kakaobohne. Vitamin-D-wirksame Faktoren findet man außerdem in der Säugetierleber, im Fischfleisch (Hering, Sardine usw.), in Butter, Kuhmilch, Eigelb sowie im Blut, das Provitamin D_3 in Mollusken und tierischen Fetten, das Provitamin D_2 in Hefe und höheren Pilzen.

Vitamin E (Tokopherol)

Tagesbedarf: 20 bis 25 mg. Vitamin E wird das Antisterilitäts- und Fruchtbarkeitsvitamin genannt, weil es Anlage und Funktion des Keimdrüsenepithels beider Geschlechter durch Anregung der Bildung entscheidender Hormone gewährleistet. Ich persönlich halte es für besser, bei Potenzschwierigkeiten die Zufuhr von Vitamin E auf täglich 100 mg zu erhöhen, als zum Psychiater zu gehen.

Vitamin E hat noch viele andere Funktionen: Es verleiht anderen Vitaminen und auch Hormonen Oxidationsschutz, ist als Wasserstoffträger an der Atmungskette beteiligt, beeinflußt den Kohlenhydratumsatz sowie den Wasser- und Fetthaushalt, wirkt blutgerinnungshemmend und hat Bedeutung bei der normalen Entwicklung der Muskulatur und des Bindegewebes. Eine eigentliche E-Avitaminose ist nicht klar nachgewiesen, aber vermutlich brauchen Leistungssportler eine erhöhte Zufuhr. Muskelrückbildung, Früh- und Fehlgeburten können durch einen Mangel verursacht sein.

Vitamin E kommt vor in Weizen- und Maiskeimen, unpoliertem Reis, Gerste, Hafer, Blattsalat, Brunnenkresse, Lauch sowie im Öl der Walnüsse und der Apfelkerne, ferner in Fleisch, Eigelb und Milch, am reichlichsten in Heidelbeeren.

Erhitzen bis 250 °C schädigt Vitamin E nicht, aber durch Sauerstoff wird es zerstört.

Auch in bezug auf dieses Vitamin können wir von den Kaukasiern lernen: Sie schälen das Obst nicht und essen die Apfelkerne und andere pflanzliche Samen mit.

Vitamin F

Der Tagesbedarf ist unbekannt. F ist kein eigentliches Vitamin, sondern ein Gemisch von ungesättigten Fettsäuren, und zwar von Linol-, Linolen- und Arachidonsäure. Pflanzliche Fette enthalten nur Linol- und Linolensäure, die tierischen außerdem Arachidonsäure.
Vitamin F, das im Körper gespeichert wird, ist am Aufbau der Leberzellen beteiligt, wirkt der Leberverfettung entgegen, regelt den Blutcholesterin-Spiegel, und es wird angenommen, daß gewisse Ekzeme von einem Vitamin-F-Mangel herrühren. Es hat einen günstigen Einfluß auf die Vernarbung von Geschwürwunden und auf die Heilung von Verbrennungen. Auch bei Allergien (Asthma), Sinusinfektionen und Schnupfen erweist sich Vitamin F als gutes Heilmittel.
Die ungesättigten Fettsäuren, die unser Organismus benötigt, kommen in Kernobst, Kernen, Samen, Nüssen (insbesondere in Walnüssen, Mandeln, Pinienkernen) vor, auch in Fisch- und Pflanzenöl, wenn es kaltgepreßt und vor dem Ranzigwerden verbraucht wird. Bei Fabrikware ist der Vitamin-F-Gehalt durchs Raffinieren und Hydrieren verlorengegangen.
Vitamin-F-haltige Nahrungsmittel muß man in dunklen Behältern und im Kühlschrank aufbewahren. Es versteht sich von selbst, daß man für den Salat nur F-haltiges Öl verwenden sollte.
Vollmilch enthält ebenso wie Muttermilch Linol-, Linolen- und Arachidonsäure, Magermilch und Magermilchpulver hingegen nicht. Da Linolen- und Arachidonsäure für Kinder wichtig sind, sollte man ihnen also keine Magermilch geben. Linolensäure kann vom Organismus nicht gebildet werden, sie muß ihm mit der Nahrung zu-

geführt werden. Weil Linolensäure in Mais, Baumwollsamen, Erdnüssen, Saflor- und Sojaöl enthalten ist, sollten diese Nahrungsmittel vorgezogen werden. Kokosnußöl zählt zu den gesättigten Fetten, und Olivenöl, das rasch verbrennt, verliert beim Kochprozeß jeden Nährwert.

Vitamin K (Phyllochinon)

Tagesbedarf: 2 mg. Vitamin K ist vornehmlich ein Koagulationsvitamin, das heißt, es sorgt dafür, daß Blut zu gerinnen vermag. Schwangere Frauen müssen darauf achten, daß sie sich genügend Vitamin K zuführen. Vitamin K regt die Leber zur Bildung des zur normalen Blutgerinnung benötigten Enzyms Prothrombin an; bei ungenügender Prothrombinbildung kommt es zu Blutungsneigung.

Mangelsymptome sind Senkung des Prothrombin-Spiegels und schwer stillbare Blutungen. Sulfonamide, Antibiotika, Aspirin, Chinin und fiebersenkende Mittel können Vitamin-K-Mangel und Hypoprothrombinanämie auslösen. (Jeder, dem ein chemisches Medikament verschrieben wird, sollte sich vom Arzt erklären lassen, ob es Einfluß auf die Darmflora hat. Joghurt ist im allgemeinen das beste Gegenmittel.)

Gewisse Herstellungsverfahren der Nahrungsmittelindustrie entziehen oder vermindern den Vitamin-K-Gehalt. Das gilt leider auch fürs Pasteurisieren, jedoch nicht für pasteurisierte Milch.

Phyllochinon, das synthetische Vitamin K, darf nur auf Verordnung eines Arztes und unter seiner Überwachung eingenommen werden, da eine Überdosierung gefährlich sein kann (Embolie, Arterienverschluß).

Bei richtiger Ernährung braucht man sich wegen des Vitamin-K-Faktors keine Sorgen zu machen, sofern man keine Medikamente einnimmt. Die Leber erhält die Menge, die sie zur Prothrombinbildung braucht. In der Natur ist das fettlösliche Vitamin K sehr verbreitet; es kommt namentlich in Schweineleber, grünblättrigem Gemüse, Wirsingkohl, Tomaten, Dill, Petersilie, Oregano, Pfefferminzblättern und vor allem in der Speise-Rotalge vor, die sich nicht nur in Japan, sondern auch in Dänemark, Schweden, Norwegen, Island, Irland und Schottland großer Beliebtheit erfreut, desgleichen die Algengattung Porphyra, die im Aussehen Spinat gleicht und ähnlich wie Austern schmeckt. Eßbare Algen liefern neben dem Vitamin K auch A, den Vitamin-B-Komplex, C und D sowie eine Fülle von Mineralstoffen. Allmählich verbreitet sich ihr guter Ruf, und sie finden Eingang in die Binnenländer.

Nebenbei bemerkt, sollten Vegetarier sich die Vorteile der eßbaren Algen zunutze machen, denn gerade sie sind dem Vitaminmangel ausgesetzt, weil sie auf Fleisch verzichten.

Vitamin P (Citrin, Rutin)

Der Buchstabe P bedeutet Permeabilitätsvitamin, und unter Permeabilität ist Durchlässigkeit zu verstehen, in diesem Fall der Zellmembranen.

Vitamin P ist für den Energiehaushalt der Zelle sehr wichtig; besonders Rutin setzt die Durchlässigkeit der Kapillaren herab. Zwischen Vitamin P und C bestehen synergistische Beziehungen, das heißt, sie beeinflussen einander günstig. Auch die Wirkung der blutgerinnungs-

hemmenden Vitamine wird durch den P-Komplex verstärkt. Außer Rutin und Citrin sind noch verschiedene Pflanzenglukoside wirksame Bestandteile des P-Komplexes.
Häufig kommt medizinische Hilfe bei schweren Blutungen oder Embolien zu spät. Jeder Mensch kann Vorsorge treffen, indem er sich die entsprechenden Vitamine, in diesem Fall C, B-Komplex, K und P, zunutze macht und darauf achtet, daß er sie sich mit der Nahrung zuführt. Der alte Spruch von der Vorbeugung, die besser ist als Heilung, hat in diesem Zusammenhang volle Gültigkeit.
Vitamin-P-Mangelsymptome sind Zunahme der Gefäßdurchlässigkeit mit Ödembereitschaft und Abnahme der Kapillarresistenz mit Neigung zu Blutungen ins Gewebe.
Vitamin P kommt in der Natur vielfach vor, in erster Linie in *frischem* Salat, ferner in Tomaten, Mohrrüben, Kartoffeln, Pfefferschoten, Beeren, Kirschen, Hagebutten, Aprikosen, Äpfeln, Weintrauben, Rosinen und Pflaumen.

Vitamin U

Vom Vitamin U kennt man die chemische Zusammensetzung noch nicht, weil es wegen seiner außerordentlichen Empfindlichkeit gegen Hitze, Konservierung und Alterung noch nicht isoliert werden konnte. Der Ernährungsforscher Dr. Garnett Cheney hat festgestellt, daß es dieses von ihm benannte Vitamin geben muß, weil Soldaten, denen es an frischen natürlichen Lebensmitteln fehlte, an Magengeschwüren erkrankten.

Man weiß, daß sich Vitamin U sowohl von C und vom B-Komplex als auch von anderen Vitaminen unterscheidet und daß es in Sellerie, Kohl, grünem Gemüse, rohem Eigelb, frischer (nicht pasteurisierter) Milch und frischem tierischem Fett enthalten ist. Ferner hat man festgestellt, daß Magengeschwüre, die statt mit der üblichen Diät mit dem Extrakt Vitamin-U-haltiger Nahrungsmittel behandelt werden, in sieben bis zehn Tagen verheilen.

Fünftes Kapitel

Mineralstoffe (Spurenelemente), die unser Organismus braucht

Man bezeichnet die lebensnotwendigen Mineralstoffe auch als Spurenelemente, weil sie in Lebewesen und Pflanzen nur in winzigen Spuren vorkommen. Wenn der Körper gesund bleiben soll, müssen ihm die lebenswichtigen chemischen Elemente ebenso zugeführt werden wie die Vitamine. Der Bedarf an Mineralstoffen ist bei den verschiedenen Lebewesen unterschiedlich. Vielfach scheinen die Spurenelemente an enzymatischen Wirkungsmechanismen beteiligt zu sein, wodurch sich ihre hochbedeutende Rolle erklärt. Ihr Fehlen kann manche Krankheit zur Folge haben, sowohl bei Menschen und Tieren als auch bei Pflanzen.
Die wichtigsten Mineralstoffe, die der menschliche Organismus braucht, sind hier in alphabetischer Reihenfolge aufgeführt.

Brom

In der Natur kommt Brom in Form von Bromiden, das heißt Salzen der Bromwasserstoffsäure vor. Bromsalze wirken beruhigend auf das Zentralnervensystem und setzen die Erregbarkeit von Teilen des Großhirns und des Rückenmarks herab. Man vermutet, daß geistige Anomalien unter anderem mit Brommangel zusammenhängen könnten. Anreicherung im Körper ist nur möglich, wenn gleichzeitig die Salzzufuhr eingeschränkt wird.
Brom ist außerdem von Bedeutung für die normale Funktion von Leber, Nebennierendrüsen, Hypophyse und Schilddrüse.
Bromsalze kommen in eßbaren Tierdrüsen, Muscheln, Algen und Meerwasser vor.
Bromhaltige Schlafmittel können bei chronischer Überdosierung zum sogenannten Bromismus führen, einer ernstzunehmenden Gesundheitsstörung.

Kalzium

Kalzium hat nicht nur Einfluß auf Wachstum und Erhaltung der Knochen und Zähne, sondern wirkt auch Muskelkrämpfen entgegen, zusammen mit Phosphor und Vitamin D. Kalzium wird vom Körper am besten resorbiert, wenn ihm mit der Nahrung genügend Phosphor und Vitamin D zugeführt werden.
Kalziummangel bewirkt Knochenbrüchigkeit, und das ist der Grund, warum sowohl Kinder als auch alte Menschen besonders hohen Kalziumbedarf haben.
Es ist jedoch ein Irrtum anzunehmen, daß Osteoporose

(Mangel an Knochengewebe), unter der vor allem Kinder und alte Menschen leiden, auf Kalziummangel beruht. Diese Krankheit rührt von Eiweißmangelzuständen her. Gerade die Jüngsten und die Ältesten unserer Gesellschaft nehmen nicht genügend proteinhaltige Nahrung zu sich.
Vollmilch ist unsere beste natürliche Kalziumquelle; an zweiter Stelle steht Käse. Ferner liefern die folgenden Nahrungsmittel Kalzium: Fisch, Fleisch, Eier, Vollkorngetreide und -brot, Hülsenfrüchte, Nüsse, Buttermilch, Joghurt, Algen, entfettetes Sojamehl, Johannisbrotmehl, Steckrübenkraut und Sesamsamen. Wer gegen Milch und Käse allergisch ist, muß für Ersatzzufuhr sorgen, weil sonst Kalziummangel droht.
Wenn der Duodenalsaft (Duodenum = Zwölffingerdarm) nicht genügend sauer ist und Alkaliüberschuß hat, wird die Kalziumaufnahme verhindert. Oxalsäure, die in Spinat, Artischocke, Rhabarber, Sauerampfer, Sellerie und Kakao enthalten ist, sorgt in diesem Fall für den richtigen Kalziumstoffwechsel.
Manche Medikamente kommen dem Kalziumstoffwechsel in die Quere, namentlich Beruhigungsmittel, Muskelentspannungsmittel, Antiepileptika und Präparate für Diabetiker. Sie greifen das Vitamin D an, wodurch die Wirksamkeit des Kalziums herabgesetzt wird. Kalzium gehört zu den Spurenelementen, die man besonders beachten muß.

Chlor

Chlor ist wichtig für den Wasserhaushalt, das Säurebasen-Gleichgewicht, die Nieren- und Magensekretion.

Auch Zellenfunktion und Herztätigkeit hängen vom Chlorstoffwechsel ab.
Stark vermehrter Chloridgehalt des Blutes (Hyperchlorämie), zum Beispiel bei Nierenerkrankungen, ist ebenso gefährlich wie stark verminderter (Hypochlorämie). Zu Hypochlorämie kommt es bei schweren Azidosen, Urämie, Lungenentzündung, starkem Erbrechen, Austrocknung, Diarrhöen und Verengung des Magenausgangs.
Starke Chlorzufuhr macht die Wirksamkeit des Vitamins E zunichte.
Wer im Haushalt mit chloriertem Leitungswasser zu tun hat, sollte sich davor hüten, es zu trinken, und wohl oder übel mit Mineralwasser den Durst löschen.
Die geringe Spur Chlor, die wir uns mit dem Kochsalz (Natriumchlorid) zuführen, genügt durchaus für den Bedarf unseres Körpers.

Eisen

Die erforderliche tägliche Eisenzufuhr beträgt 10 bis 12 mg, bei schwangeren und stillenden Frauen 18 mg. Eisen ist ein lebenswichtiger Bestandteil des Organismus. Der Eisenspiegel ist abhängig vom Eisenvorrat im Körper, und zwar vom sogenannten Ferritin im Blutserum, vom Eisengehalt in Enzymen und vom Eisenproteid in Darmschleimhaut, Knochenmark, Milz und Leber. Eisen als lebensnotwendiger Mineralstoff ist also weniger als Spurenelement aufzufassen, denn der Körper braucht eine beträchtliche Menge, um gesund zu bleiben. Der durchschnittliche Eisenspiegel ist beim Mann 110 mcg Mikrogramm pro 100 g Serum, bei der

Frau 90 mcg. Es ist bekannt, daß Eisenmangel zu Anämie führt; aber die wenigsten wissen, daß Eisen ohne Rücksicht auf den Bedarf aufgenommen wird, und daß es die sogenannte Eisenspeicherkrankheit gibt, die eine ernste Stoffwechselstörung ist.

Nicht alles aufgenommene Eisen wird vom Körper resorbiert; deshalb ist ständige Zufuhr notwendig, und da eine enge, allerdings komplizierte Verbindung zwischen Eisen und Vitamin C besteht, muß zwecks Resorption des Eisens für genügende Vitamin-C-Zufuhr gesorgt werden. Ein großer Teil der Menschen, die an Eisenmangel leiden, nehmen ganz einfach zuwenig Vitamin C zu sich. Ein weiterer Grund kann die Tatsache sein, daß die Pflanzennahrung in einem Boden gewachsen ist, dem es an Eisen fehlt. Wenn man sich klarmacht, daß die Nährstoffe mit- und gegeneinander wirken, erkennt man, wie wichtig eine gemischte Kost ist, die dem Körper *alle* benötigten Vitamine und Spurenelemente zuführt.

Eisen kommt besonders in Sauerkraut, Äpfeln und Kohl sowie in eisenhaltigem Quellwasser vor. Die Annahme, Spinat enthalte einen großen Prozentsatz Eisen, hat sich als Irrtum infolge eines Rechenfehlers herausgestellt. Im Gegenteil, Spinat ist wegen seines hohen Gehalts an Oxalsäure für Kinder im ersten Lebensjahr sogar unbekömmlich.

Fluor

Fluor ist in jedem Gewebe vorhanden. In der Medizin dient es als Bakterizid, namentlich bei der Zahnpflege. In manchen Städten ist das Trinkwasser fluoridiert, in

der Schweiz das Küchensalz. Fluorhaltige Zahnpasten sind aller Werbung zum Trotz wirkungslos.
Fluor ist insofern umstritten, als man (noch) nicht weiß, ob es einen wichtigen Faktor in unserer Ernährung darstellt. Bekannt ist nur, daß zuviel Fluor ebenso schädlich ist wie zuwenig, und zwar gerade für die Zähne.
Fluor kommt in Schwarztee, Knochenmehl, Fischmehl und Algen vor.

Jod

Fraglos hat unser Organismus Jodbedarf; ein Beweis dafür ist der Kropf, von dem die Bewohner jodarmer Gegenden heimgesucht werden. Es ist jedoch ein verhängnisvoller Irrtum anzunehmen, man könne dem Jodmangel mit der Einnahme von desinfizierender Jodtinktur begegnen. Freies Jod und Jodtinktur führen zu Ätzerscheinungen im Magen-Darm-Kanal. Im menschlichen Organismus kommt Jod in den Hormonen der Schilddrüse vor, genauer gesagt, die Schilddrüse hat die Eigenschaft, dem Körper zugeführtes anorganisches Jod zu speichern und organische Substanz, nämlich stoffwechselwirksame Hormone, einzubauen. Jod trägt außerdem zur Oxidation der Proteine und Fette bei und regt den Blutkreislauf an.
In der Natur kommt Jod im Boden, in Quell- und Meerwasser vor; in Algen ist es angereichert.
Da die Industrie die natürliche Bodenbeschaffenheit immer mehr zerstört und nicht jedermann in der Lage ist, sich eßbare Algen zu beschaffen, sollte man in der Küche möglichst das sogenannte Jodsalz verwenden, das mit der richtigen Jodmenge angereichert ist.

Kalium

Kalium ist Bestandteil jeder Zelle, wo es für das Gleichgewicht der Flüssigkeit sorgt. Bei Wassersucht und Ödemen verschreiben die Ärzte oft Mittel, die die Harnproduktion verstärken. Dabei werden viele Salzlösungen und Kalium ausgeschwemmt. Demselben Zweck dienen Aprikosen, Orangen, Bananen und andere stark kaliumhaltige Früchte. Außerdem wirkt Kalium bei der Aufrechterhaltung der normalen Muskelspannung und den normalen Funktionen der Nerven mit.
Kaliummangel (Hypokaliämie), der nicht nur durch unzureichende Zufuhr, sondern auch durch langdauernden Durchfall und Erbrechen sowie durch den ständigen Gebrauch von Abführmitteln hervorgerufen wird, ist gefährlich. Er äußert sich in Kraftlosigkeit der Muskeln, Apathie, krankhafter Schläfrigkeit, Bewußtlosigkeit bis zum Koma. Vermehrter Kaliumgehalt des Blutserums (Hyperkaliämie) beruht auf übermäßiger Kaliumzufuhr, Nebenniereninsuffizienz oder Verkleinerung des extrazellulären Flüssigkeitsvolumens. Beide Erscheinungen müssen ärztlich behandelt werden.
Natürliche Kaliumlieferanten sind außer den genannten Früchten Gurken, Petersilie, Hülsenfrüchte, Gemüse, Vollkorngetreide und Fleisch.

Kobalt

Als Spurenelement kommt Kobalt im Boden und in Pflanzen vor. Es ist Bestandteil von Cobalamin (Vitamin B_{12}). Da es zu den lebensnotwendigen Spurenelementen zählt, darf Kobalt in der Nahrung keinesfalls fehlen.

Kupfer

Auch Kupfer ist ein lebensnotwendiges Spurenelement, und zwar insofern, als es das Eisen im Blut in Hämoglobin, den Farbstoff der roten Blutkörperchen, umbaut. Sein Mangel kann bei der Anämie eine Rolle spielen. Außerdem hat Kupfer mit der Pigmentbildung zu tun und ist am Vitamin-C-Stoffwechsel beteiligt. Im Verein mit Jod, Kobalt und Zink fördert es die Bildung der roten Blutkörperchen, der Sauerstoffträger unseres Blutkreislaufs.
Natürliche Kupferlieferanten sind Mandeln, Eigelb, Vollkornweizen, Melasse, Feigen, Loganbeeren, Hülsenfrüchte, Garnelen, Muscheln, Austern und Leber.

Lithium

Lithium, das sich weitverbreitet in der Natur findet, hat man als ein Spurenelement erkannt, das sowohl Depressionen als auch körperlicher Schädigung durch Alkoholismus entgegenwirkt. Eine Behandlung mit Lithium bedarf ärztlicher Überwachung, weil eine Überdosierung gefährlich ist. Lithium, das als Salzersatz verwendet wird, bringt den Wasserhaushalt aus dem Gleichgewicht, indem es das Natrium aus den Geweben verdrängt.
Die Lithiummenge, die sich der Gesunde mit der Nahrung und mit lithiumhaltigem Mineralwasser zuführt, scheint für den Bedarf des Körpers durchaus zu genügen.

Magnesium

Magnesium ist im Gewebe und im Blutplasma des Gesunden stark vertreten, aber unzählige Menschen leiden an Magnesiummangel, weil sie sich zuviel Kalzium zuführen, das die Resorption von Magnesium hemmt. Magnesiumverarmung des Organismus, zum Beispiel bei schwerem Erbrechen, Durchfall, Nierenverlust, Alkoholismus, einseitiger kalziumreicher Ernährung (Milch und Käse), führt zu Tremor, Muskelzuckungen, Gedächtnisschwäche und Teilnahmslosigkeit. Ohne Magnesiumzufuhr kann der Körper das Vitamin B_6 nicht verwerten.

Die besten Magnesiumlieferanten sind Mandeln, Paranüsse, Erdnüsse und Erdnußmehl, Baumwollsamenmehl, entfettetes Sojamehl und Sojabohnen, Weizenkleie und Weizenkeime sowie Bierhefe. Nüsse und Samenkörner enthalten unterschiedliche Mengen. Ferner findet man Magnesium in Gerste, frischem Mais, Hirse, Vollkorn, Hafer, kleine Spuren auch in Aprikosen, rohen Spargeln, Bananen, Limabohnen, roten Rüben (Randen), Artischocken, Löwenzahn, Linsen, Erbsen, braunem Reis, Roggenvollkornmehl und Melasse.

Man mag sich fragen, wie es möglich ist, daß Magnesiummangel so stark verbreitet ist, wenn dieses Spurenelement doch in so vielen Nahrungsmitteln vorkommt. Die Antwort ist einfach, aber betrüblich: Schuld daran sind die Bodenverseuchung und die Lebensmittelindustrie, die unsere natürliche Nahrung verfälschen. Kein einziger Kaukasier, den wir während unseres Aufenthaltes in Kaukasien untersuchten, litt an Magnesiummangel und seinen schlimmen Folgen.

Mangan

Auch Mangan nimmt im Stoffwechsel eine Schlüsselstellung ein. Der Körper braucht dieses Spurenelement, um Vitamin B_1 und Cholin zu verwerten. Außerdem spielt es eine wichtige Rolle beim Kohlenhydratstoffwechsel und bei der Harnstoffbildung. (Harnstoff, das wichtigste Endprodukt des Eiweißstoffwechsels, wird in der Leber gebildet und im Harn ausgeschieden.) Manganmangel führt bei Tieren zu Degeneration der Keimdrüsen.

Die reichsten Manganträger sind Heidelbeeren, Buchweizen, Weizenkleie, Hülsenfrüchte und Nüsse.

Wer sich gezwungen sieht, die heutige Kost mit einem Präparat zu ergänzen, das nicht nur Vitamine, sondern auch Spurenelemente enthält, sollte darauf achten, daß auch Mangan darin enthalten ist.

Molybdän

Der menschliche Organismus braucht nicht viel Molybdän, im Gegenteil, allzuviel ist schädlich für ihn. Man hat beobachtet, daß reichliche Proteinzufuhr dieses Allzuviel verhindert. Dennoch ist Molybdän ein wichtiges Spurenelement, notwendig für die Funktion einiger Enzyme und vielleicht auch für die Energiegewinnung aus Fetten.

Molybdän kommt vor in Sojabohnen, Hülsenfrüchten, Blattgemüse, Vollkorngetreide, weniger in Hefe und Fleisch.

Natrium

Auch diejenigen, denen salzfreie Diät verschrieben wird, brauchen tägliche Zufuhr von Natrium, das ihnen bei gemischter Kost in genügender Menge geliefert wird. Andererseits ist bekannt, daß allzu starke Kochsalzzufuhr die Körperflüssigkeit zurückhält. Wer gewohnheitsmäßig stark gesalzene Speisen zu sich nimmt, wird aufgeschwemmt. Das Gleichgewicht zwischen Natrium und Kalium, das durch die Nebennierenrinde gesteuert wird, ist besonders wichtig für normale Nerven- und Muskelfunktion. Natrium ist außerdem an der Bildung der Verdauungssäfte beteiligt.
Bei gesunden Menschen wird überschüssiges Natrium durch Haut, Urin und Stuhl ausgeschieden. Natriumspeicherung entsteht bei Ödembildung. Herz- und Arterienbeschwerden erfordern salzfreie Kost. Man kann es auf einen eintachen Nenner bringen: Salz ist wichtig für Gesunde und kann für Kranke gefährlich sein.

Phosphor

Phosphor kommt in der Natur nur in sogenannten Phosphaten vor, das heißt als Salze der Phosphorsäure, die für Pflanzen unentbehrliche Nährstoffe sind. Herabgesetzter Phosphatgehalt im Blutserum führt zu sogenannter Hypophosphatanämie, deren Krankheitsbild sich von Rachitis nur dadurch unterscheidet, daß sie therapeutisch auf die üblichen Vitamin-D-Dosierungen nicht anspricht. Phosphorsäure spielt eine bedeutende Rolle als Bestandteil der Zellkerne, der Knochensubstanz und als Puffersubstanz der Blut- und Gewebeflüssigkeiten.

Wie Kalzium können Phosphate, die mengenmäßig mehr benötigt werden als Kalzium, im Körper gespeichert werden.
Phosphathaltige Nahrungsmittel sind Kürbiskerne (am reichhaltigsten), Reis- und Weizenkleie, Weizenkeime, Sesam-, Sonnenblumen- und Saflorkerne, Bierhefe, Sojabohnen und entfettetes Sojamehl, Feuerbohnen, Erdnüsse, Mandeln, Haselnüsse, Flunder, Hühnerfleisch und Leber, ferner Milch, Käse, Joghurt, die außerdem eine gute Menge Kalzium enthalten.

Schwefel

Wer proteinhaltige Nahrung zu sich nimmt, führt sich genügend Schwefel zu. Das ist wichtig, weil Schwefel im pflanzlichen und tierischen Eiweiß vorkommt. Schwefel ist am Proteinaufbau jeder Körperzelle beteiligt und wirkt zusammen mit zahlreichen Aminosäuren, Insulin, Heparin (einem Faktor bei der Blutgerinnung), Thiamin und Biotin bei der Gesunderhaltung des Körpers mit.
Schwefel ist seit Anbeginn an der Zusammensetzung unserer Erde beteiligt. Es wäre geradezu unnatürlich, wenn dieses nichtmetallische chemische Element nicht auch in unserem Körper vorkäme.

Selen

Selen ist in Knochen und Zähnen enthalten. Man vermutet, daß es zusammen mit Vitamin E schädliche Fettstoffe im Blut zerstört. Wenn Vitamin E fehlt, scheint es dessen Funktionen zu übernehmen. Fehlen beide, so kommt es zu Krankheitserscheinungen, wie sich bei Tierversuchen gezeigt hat.

Silizium

Silizium, einer der wichtigsten Pflanzennährstoffe, ist beim Menschen im Zahnschmelz, in Nerven, Muskeln, Bindegewebe, Blut, Haut, Nägeln und Haaren enthalten. Siliziummangel macht sich vor allem in Hauterkrankungen, besonders in chronischen Ekzemen und Hautjucken bemerkbar.
Dieses wichtige Spurenelement führen wir uns namentlich mit Buchweizen, rohen Mohrrüben, Pilzen, Tomaten, Walderdbeeren, Wirsing und Feigen zu.

Zink

Zink braucht der menschliche Körper unbedingt. Schwangere und stillende Frauen sowie ältere Leute, insbesondere Männer, haben erhöhten Bedarf. Den größten Zinkgehalt findet man in der Augenmuskulatur sowie in der Vorsteherdrüse (Prostata) und im Samen des Mannes. Das legt den Gedanken nahe, daß Zink bei der Potenz des Mannes eine Rolle spielt.
An Zinkmangel scheint es auch zu liegen, daß manche Geisteskranke Kupfer nicht auf normale Weise auszuscheiden vermögen. Es ist erwiesen, daß Kupferüberschuß, der Depression bewirkt, durch starke Zufuhr von Zink, Mangan und Vitamin C herabgemindert wird.
Der Körper des Gesunden enthält 3 bis 4 g Zink, das aufs Nervensystem beruhigend wirkt und Bestandteil

des Insulins, der roten Blutkörperchen, der Magenschleimhaut und der Harnsedimente in den Nierenkanälchen ist. In Anbetracht seiner Bedeutung sollte die Tatsache, daß der Blei- und Kadmiumgehalt unserer verseuchten Luft Zinkmangel hervorruft, den Gesundheitsbehörden zu denken geben. Einen niedrigen Zinkspiegel im Blutserum findet man bei Arterienverkalkung, Leberzirrhose und Lungenkrebs. Auch bei der Verwertung von Vitamin A und Folsäure besteht ein Zusammenhang mit der Menge des gespeicherten Zinks.
Fische, (besonders Hering), Muscheln und Austern sind unsere besten Zinklieferanten. Etwas Zink enthalten außerdem Vollkornweizen, unpolierter Reis, Bierhefe, Erbsen, Mais, Eigelb, Mohrrüben, Milch, Leber und Rindfleisch.

Sechstes Kapitel
Pflanzen: Nähr- und Heilstofflieferanten

Es gibt unzählige Bücher über Heilkräuter und -pflanzen. Hier soll nur die Rede von jenen Kräutern und Gewächsen sein, die sich neben ihrer Heilwirkung auch durch ihren Nährwert auszeichnen.
Die Lebensmittelindustrie fügt manchen Nahrungsmitteln Stoffe hinzu, die das Oxydieren von Fetten und Ölen verhindern, zumindest verzögern sollen. Man nennt diese Stoffe Antioxydantien. (Rost ist zum Beispiel insofern ein Antioxydant, als er das weitere Oxydieren von Eisen verhindert.) In rein chemischem Sinne

ist Oxydation ein Vorgang, bei dem einem Element oder einer Verbindung Sauerstoff oder Wasserstoff entzogen wird. Mit jeder Oxydation ist eine Reduktion verbunden; ein Stoff oxydiert den andern, indem er selbst reduziert wird und umgekehrt. Im Fettstoffwechsel spielt die Oxydation eine wichtige Rolle. Oxydations-Enzyme, sogenannte Oxydasen, übertragen den Sauerstoff und bewirken katalytisch eine Oxydation der dazwischenliegenden Produkte des Stoffwechsels. Dieser Vorgang ist wesentlich für den ständigen Kreislauf der Zellenentwicklung und Spaltung und damit der Gesunderhaltung des Organismus.
Man stelle sich nun einmal ein Eisenrohr vor, das im Innern rostet, so daß sich immer mehr Stoffe und Mineralien ansammeln, bis der Durchgang unpassierbar wird. Ähnlich ist es bei der Arterie, an deren Wänden sich alle möglichen Stoffe ablagern können, so daß es zu einer Arteriosklerose kommt, die der Volksmund Verkalkung nennt. Der Ursachen sind so viele, daß hier nicht näher darauf eingegangen werden kann. Es sei nur betont, daß nicht zuletzt falsche Ernährung daran schuld ist. Die Natur hat nämlich dafür gesorgt, daß das Gleichgewicht des Oxydationsprozesses hergestellt wird, wenn der Mensch sich Vitamin C und die Vitamine der B-Gruppe zuführt, die sozusagen als Antioxydantien wirken.
Bei den hundertjährigen Kaukasiern haben wir keinen Fall von Arteriosklerose gefunden, jedoch festgestellt, daß sie nicht nur sehr viele Salate essen, sondern auch häufig Hülsenfrüchte und außerdem ihre Speisen mit Kräutern und anderen natürlichen Geschmackslieferanten würzen.
Das Wundermittel gegen Arteriosklerose hat die Medizin allen Bemühungen zum Trotz nicht gefunden und

wird es auch nicht finden. Es gibt jedoch ein Verhütungsmittel, und das ist die natürliche Ernährung, zu der auch die Nutzbarmachung heilkräftiger Gewächse gehört. Wenn man den großen Unterschied zwischen unserer Lebensweise und der ohne jede Chemie auskommenden Ernährung der Kaukasier bedenkt, erkennt man, wie verkehrt wir leben und was wir alles versäumen.
Hier folgen nun in alphabetischer Reihenfolge die Pflanzen und Kräuter, von denen die kaukasische Küche ausgiebig Gebrauch macht und die heilkräftige Wirkung haben.

Basilikum

Basilikum stammt wahrscheinlich aus Persien. Es ist eines der vorzüglichsten Küchenkräuter und hat ein so starkes Aroma, daß es einfachen Gerichten zu Wohlgeschmack verhilft. Es ist die klassische Zauberbeigabe zu allen Tomatengerichten, Zucchetti, Auberginen, Spinat und Kohlrabi. Basilikum-Essig kann faden Saucen eine pikante Note verleihen.
Tee von Basilikumkraut ist fast ein Wundermittel. Er ist vielfach anwendbar: bei nervösem Zusammenbruch und Körperschwäche, nervöser Schlaflosigkeit und innerer Unruhe, Schwindelgefühl, Magenerkältung (durch eiskalte Getränke), hartnäckiger Verstopfung und Blähungen. Pulverisiertes Basilikum ist wirksam gegen Schnupfen, wenn man es entweder schnupft oder es mit Vaseline vermischt und die Nase innen damit einreibt. Sein wirksamer Bestandteil ist das je nach Herkunft verschieden zusammengesetzte Basilikumöl.
Für einen Aufguß von zwei Tassen Tee übergießt man

einen Eßlöffel Basilikumkraut mit sprudelnd heißem Wasser und läßt es fünf bis zehn Minuten ziehen. Den abgeseihten Tee trinkt man nach und nach.

Fenchel

Deutsche Arzneibücher von Tegernsee und Zürich aus dem zwölften Jahrhundert führen schon die Früchte des Fenchels als Heilmittel, namentlich als Fiebermittel an, aber als Gewürz ist Fenchel nicht jedermanns Geschmack. Sein Aroma prägt in Armenien eine Dauerwurst, die Basterma heißt und jahrhundertelang den Armen als hauptsächliche Fleischnahrung diente.
Heute weiß man, was Fenchel alles enthält, nämlich Lezithin, Cholin, ein Niacin-Derivat und Vitamin P. Die Wurzel enthält Zucker, Stärke und ein ätherisches, mit dem Fruchtöl nicht identisches Öl.
Fenchel galt im Kaukasus von jeher nicht nur als eine Kraft, Ausdauer und Energie spendende Pflanze, sondern insbesondere auch als Aphrodisiakum. Professor R. Paris, ein Franzose, hat festgestellt, daß Fenchel eine außerordentliche Verbindung von Steroiden und Saponin enthält, ganz ähnlich der mexikanischen Yamswurzel, die zur Herstellung von Kortison sowie der Sexualhormone Testosteron und Progesteron gedient hat. Demnach schreibt man im Kaukasus dem Fenchel vielleicht mit Recht eine stimulierende Wirkung auf den sexuellen Appetit zu.
Fenchelsamentee, zusammen mit Milch eingenommen, fördert die Milchabsonderung. Entzündete Brüste behandelt man mit gekochter Fenchelwurzel, die in Leinensäckchen heiß aufgelegt wird. Fenchelsamentee, den

man fünf Minuten lang leicht kochen läßt, fördert außerdem die Verdauung und gilt in der Volksheilkunde als schleimlösendes Mittel bei Husten. Wässeriges Fencheldestillat ist ein vortreffliches Mittel gegen Augenschwäche.
Wohl all denen, die Fenchelgeschmack mögen. Wer sein Brot selbst bäckt, kann den Fenchelsamen gut und gern als Beigabe zum Teig verwenden.

Ginseng

Ginseng wächst in Korea, Sibirien und in einigen Teilen des Kaukasus. Die Ginsengwurzel gilt seit uralter Zeit als lebensverlängernd. Ihre Geschichte ist so alt wie die der Welthandelswege. Die koreanischen Ochsentreiber und Viehhirten machen sich dieses volkstümliche Allheilmittel noch heute zunutze, wo immer sie es finden.
Die Forschung — hauptsächlich wird sie in der Sowjetunion betrieben — hat festgestellt, warum Ginseng als Anregungsmittel bei nervösen Erschöpfungszuständen so gute Dienste leistet: Die Wurzel enthält, neben etwas essentiellem Öl (das sich schwer extrahieren läßt, weil die Wurzel schnell trocknet), Thiamin und Riboflavin, namentlich Resine (Ionenaustauscher), Stärke, Sterine, Provitamin D, Saponine, Glukose und Rhamnose, lauter Stoffe in natürlicher Form, die erklären, weshalb Ginseng sowohl als Aphrodisiakum wie auch als Mittel gegen Altersbeschwerden gilt.
Obwohl Ginseng seit mindestens dem ersten Jahrhundert unserer Zeitrechnung in den genannten Gebieten ein sehr beliebtes Verjüngungsmittel war und neuerdings in den Westen vorgedrungen ist, macht man im

Kaukasus, soviel ich beobachtet habe, recht wenig Gebrauch davon.

Haselwurz (Asarum)

Der Asarum-Wurzelstock wird von der Volksheilkunde arzneilich verwendet, aber da die giftige Art (Pfefferwurz, wilde Narde, Brechwurzel) von dem sogenannten wilden Ingwer unterschieden werden muß, darf man damit nicht einfach experimentieren. Die Überwachung durch einen kräuterkundigen Arzt ist absolut nötig.
Ich habe in meiner Praxis die Erfahrung gemacht, daß Haselwurzpulver den Harnsäurestatus normalisiert (Harnsäure ist beim Menschen das Endergebnis des Nukleinstoffwechsels), zum Beispiel bei Gicht, Rheumatismus, rheumaähnlichen Erkrankungen, Arthritis, Ischias, Schleimbeutelentzündung, steifem Hals und bei motorischen Störungen Erleichterung verschafft. Maurer, Violinisten, Schneiderinnen, die sich gezwungen sahen, wegen des letztgenannten Leidens ihren Beruf aufzugeben, konnten ihrer Arbeit wieder nachgehen.
Personen, die sich an die Einnahme von Aspirin gewöhnt haben, tun gut daran, sich das natürliche und längerfristig wirkende Heilmittel Haselwurz zunutze zu machen; aber wer an chronischer Magenschwäche oder nervösen Verdauungsschwierigkeiten leidet, muß darauf verzichten. Wohlgemerkt, keine Selbstbehandlung!

Ingwer

Der Wurzelstock des Ingwers ist im Kaukasus, im Orient, längs den alten Handelswegen, auf den Philippinen und auf Tahiti seit alter Zeit als Mittel gegen Impotenz, als Antiseptikum und als Stärkungsmittel bekannt. Das Ingweröl wird allenthalben arzneilich benutzt. Die Pflanze hat einen günstigen Einfluß auf Nieren, Blase und die Vorsteherdrüse des Mannes. Ingwertinktur wird nicht nur äußerlich zum Einreiben bei rheumatischen und arthritischen Beschwerden angewendet, sondern auch innerlich gegen rheumatische Erkrankungen und Angina, die von Ödemen begleitet sind.

Wegen der antiseptischen, stärkenden und anregenden Eigenschaften wird die Ingwerwurzel bei Assimilations- und Verdauungsstörungen, bei Blähungen und vorbeugend gegen ansteckende Krankheiten angewendet.

Die wirksamen Bestandteile der Ingwerwurzel sind nur in der frischen Wurzel enthalten. Wir können den echten Ingwer durch die bei uns vorkommende Kalmuswurzel ersetzen, die sich zu denselben Zwecken wie die Ingwerwurzel verwenden läßt.

Kamille

Das ätherische Öl der Kamille ist in den Blüten enthalten.

In Europa kennt jedes Kind den Kamillentee; in Amerika ist er kaum bekannt, obwohl die Kamille zu allen Zeiten ein beliebtes Heilmittel gewesen ist. Es ist fast unglaublich, wie viele Bestandteile das getrocknete Blütenköpfchen der Kamille hat, neben dem ätherischen Öl

unter anderem Harz, seifenartigen Extraktivstoff, phosphorsauren Kalk, Glykoside, Eiweißstoff und Chlorophyll.
Große deutsche Ärzte wie Christoph Wilhelm Hufeland, Friedrich Hoffmann und der Schweizer Albrecht von Haller haben die Kamille hoch eingeschätzt. Das Chinin verdrängte sie dann aus mancher Praxis, doch in neuerer Zeit hat sich eine Wandlung vollzogen, und viele Autoritäten setzen sich wieder für sie ein. Eine Reihe von Ärzten hat sogar festgestellt, daß in Fällen, wo Chinin versagt hatte, die Kamille als günstiger Ersatz zum Erfolg führte.
Kamillentee (zwei Teelöffel Blüten auf eine Tasse Wasser entweder als kalter Auszug oder als heißer Aufguß) wird bei Magenkrämpfen und Koliken, akutem Durchfall, auch als schweißtreibendes Mittel bei Rheumatismus, Erkältungskrankheiten und Bronchialkatarrh verwendet. Äußerlich wirkt sie als gelinde reizendes Mittel auf Haut, Schleimhäute und Wunden. Als Antiseptikum zeichnet sie sich nicht nur durch bakterientötende, sondern auch durch heilende Wirkung aus.
Wie gut diese Heilpflanze für Kinder ist — ungefährlicher als manch ein chemisches Präparat —, wissen viele Mütter, weniger bekannt ist jedoch, daß sich Kamillenbehandlungen bei Altersekzemen und Pruritis senilis (Altersjucken) vortrefflich bewähren. Wie immer man die Kamillenblüten verwendet, als Tee, als Dampfbad, als Klistier, als Umschlag oder als Kamillenbad, sie wirken Wunder. Dies wissen auch die Kaukasier.

Kleie

Unter Kleie versteht man die beim Mahlen abgesonderten Schalen, Keime und äußeren Schichten der Getreidekörner und Hülsenfrüchte. Kleie enthält im allgemeinen 15 bis 18 Prozent Eiweiß, außerdem die Vitamine B_1 und E. Kleie dient als gutes Viehfutter, weil sie die Milchleistung steigert und die Verdauung fördert. Was bei diesem Mahlprozeß für den Menschen übrigbleibt, ist feines weißes Mehl, dem der eigentliche Nährgehalt der Körner entzogen worden ist.

Doch damit nicht genug. Kleie hat auch einen großen Rohfasergehalt, das heißt, sie enthält jene Ballaststoffe, die der menschliche Körper zur normalen Verdauung braucht. Präparierte Hülsenfrüchte, Weißmehl und geschälter Reis weisen keine Rohfasern (Zellulose) auf, dafür um so mehr leere Kalorien. Bei einer solchen Ernährung gedeiht niemand außer der Lebensmittelindustrie. Manche Diätetiker empfehlen heute, sich die fehlenden wichtigen Stoffe in Form von Kleie zuzuführen. An sich grotesk, wenn man sich den ganzen Prozeß vorstellt, zumal die im Munde quellende Kleie scheußlich schmeckt.

Zahlen mögen kundtun, wie es um den Rohfasergehalt der Getreideprodukte je 100 Gramm bestellt ist: Weizenweißmehl 0,10 Gramm, Weizenkleie 10,50, Weizenkeime 2,30; polierter Reis 0,24, unpolierter Reis 0,67; Brötchen 0,30, Roggenvollkornbrot 1,66. Es kommt hinzu, daß in der Kleie Kalium, Mangan, Zink, Eisen, Niacin und andere Mineral- und Nährstoffe enthalten sind, die wir zur Gesunderhaltung dringend benötigen.

Knoblauch

Knoblauch ist ein natürliches Antibiotikum. Die großen Pest-, Cholera- und Typhusepidemien wurden nur von jenen überstanden, die sich den zu solchen Zeiten unerschwinglichen und immer rarer werdenden Knoblauch leisten konnten, während die Armen zu Tausenden starben.

Seit jeher haben die Kaukasier in Knoblauch geschwelgt. Von frühester Kindheit an nehmen sie ihn täglich zu sich, denn alles, wirklich alles (außer Kaffee und Süßspeisen) wird mit Knoblauch gewürzt. Beim ersten Anzeichen einer Krankheit werden große Mengen als Heilmittel zugeführt.

Auf seine Heilwirkung weisen die alten Namen Alterswurzel und Magenwurzel hin. Wie alles Vielgeliebte war auch der Knoblauch der bösen Zunge ausgesetzt, denn er erhielt zudem die Namen Gruserich und Stinkerzwiebel. Im Mittelalter nannte man ihn, besonders in höfischen Kreisen Frankreichs, mit Nasenrümpfen das Allheilmittel der Bauern; wahrscheinlich in Unkenntnis der Tatsache, daß der Landmann früher von den wundersamen Naturkräften mehr wußte als die geschniegelten Herren, die einem Leibarzt ausgeliefert waren.

Würmer, Asthma, Gelbsucht, Brustkrankheiten, Hautausschläge, Blutharnen, Harnstein und Wassersucht sind einige der Heilanzeigen für Knoblauch in alten Kräuterbüchern. Seit man den Blutdruck messen kann, hat sogar die Schulmedizin den Beweis erbracht, daß das ätherische Öl des im gesetzlichen Arzneibuch aufgeführten Knoblauchs ihn zu senken vermag, und seine Wirksamkeit gegen Arteriosklerose bestätigt.

Neben dem ätherischen, in allen Zwiebelgewächsen vor-

handenen schwefelhaltigen Öl, ist Knoblauch reich an organisch gebundenen Schwefel-, Jod- und Kieselsäureverbindungen, auch an den Vitaminen A, B und C und anderen wichtigen Nähr- und Ergänzungsstoffen.
Für die Griechen, Franzosen und Spanier ist es selbstverständlich, Knoblauch als pikante Würze zu verwenden. Der Berufsverband der provenzalischen Köche nennt sich «La veno d'aigo», das heißt «Die Knoblauchzehe». Daß die provenzalische Küche zu den besten der Welt gehört, haben viele Touristen festgestellt. Es ist also einfach, sich Knoblauch zuzuführen: Indem man eine wohlschmeckende Küche führt. Eine halbe bis zwei Zehen täglich ist die Menge, die der Gesundheit dient und dem Organismus Widerstandskraft verleiht.

Luzerne

Der Luzerne, in den deutschen Lexika als Futterpflanze aufgeführt, sollen es die Kaukasier hauptsächlich zu verdanken haben, daß sie noch in hohem Alter gesunde Zähne haben.
Die Luzerne, auch Hopfenklee genannt, wurde durch die Perserkriege den Griechen bekannt und kam etwa im Jahr 100 v. Chr. nach Italien und hundert Jahre später nach Spanien. Die Provenzalen erhielten sie aus Italien und nannten sie nach einem italienischen Ort Clauserne, woraus unsere Luzerne geworden ist. Da die Römer die Luzerne als vortreffliches Futtergewächs gepriesen hatten, kam man in Mitteleuropa nicht auf den Gedanken, ihre Verwendbarkeit für den Menschen zu untersuchen. Die Kaukasier aber benutzen das Kraut für Salate und Suppen sowie als Tee.

Luzerne ist reich an den Vitaminen K_1, C, D, E und an Carotinen, die im Darm zu Vitamin A umgewandelt werden. Je nachdem, in welchem Boden die Pflanze wächst, enthält sie verschiedene Mengen an Eisen, Kalium und Phosphat. Sie hat tiefreichende Wurzeln, so daß sie die im Boden vorhandenen Mineralstoffe gut aufnehmen kann. Es liegt also auf der Hand, daß die Luzerne der Arthritis und der Anämie vorbeugt, dem Knochenaufbau zuträglich ist und zur schnellen Heilung von Knochenbrüchen beiträgt. Die Kaukasier machen sich diese Vorteile ihr Leben lang zunutze.

Maulbeeren

Den Maulbeerbaum, der aus China stammt, kultivierte man seit den ältesten Zeiten in Asien und seit dem zwölften Jahrhundert in Mitteleuropa, besonders um die Blätter als Futter für Seidenraupen zu benutzen.
Im Kaukasus verwenden die Menschen die Beeren, die von den Seidenraupen verschmäht werden, als Nahrung. Die dunkelvioletten Früchte des Schwarzen Maulbeerbaums sind süß und wohlschmeckend. Sie enthalten Vitamin C, etwas Eiweiß, Fruchtzucker, Pektin und Pektose, viele wertvolle organische Säuren, Glukose und eine Spur Gerbsäure.
Die Kaukasier machen aus den Maulbeeren köstliche Puddinge und andere Süßspeisen, stellen daraus aber auch einen Medizinalsirup her, der zur Wundheilung und als Mittel gegen Hautleiden dient. Ein jahrtausendealtes Rezept ist der Auszug aus Maulbeeren, der Durchfällen entgegenwirkt.
Als wir uns im Kaukasus aufhielten, wurde uns erzählt,

daß sich führende schweizerische und französische Chemo-Botaniker stark für die Maulbeeren interessierten, und zwar im Hinblick darauf, sie der Pharmazeutik nutzbar zu machen. Der Heil- und Nährwert ist jedenfalls nicht zu bezweifeln.

Pfefferschoten

Daß die südeuropäischen grünen, roten und gelben Pfefferschoten, die wir Peperoni nennen, sehr gesund sind, weiß jede fürsorgliche Hausfrau. Wie aber steht es mit dem Chilipfeffer, der so höllisch brennt, daß er nicht zu Unrecht auch Teufelspfeffer genannt wird? Die kleinen Schoten sind aus Westindien und Mexiko zu uns herübergekommen, nicht zuletzt als Folge des Tourismus; doch man kennt sie auch im Kaukasus, in Ägypten, Thailand und Bulgarien als würzige Speisezutat. Gemahlenen Chili nennt man Cayennepfeffer, mit dem wir nur sparsam zu würzen pflegen, da er etwa zwanzigmal so stark wie Paprika und weniger aromatisch ist. Die teuflische Schärfe rührt vom höheren Gehalt an Kapsaicin her, einem Alkaloid.

Man erzählte uns die Geschichte von einem amerikanischen Arzt, der im Kaukasus eine Praxis eröffnen wollte. Er beobachtete Feldarbeiter, die zum Mittagessen rohe Chilischoten verzehrten. Dann sah er sie zu Hause beim Abendbrot noch mehr Pfefferschoten essen. Als sie nicht mit Magen- und Darmbeschwerden zu ihm kamen, gab er alle Hoffnung auf und verzog sich. Überall da, wo die Speisen stark mit Chilipfeffer gewürzt sind und die rohen Schoten mit Hochgenuß verzehrt werden, gibt es keine Magengeschwüre, offene Beine, Arterienver-

schlüsse und andere Kreislaufstörungen; Verstopfung und Hämorrhoiden sind nahezu unbekannt.
Die rohe Chilischote enthält schier unglaubliche Mengen an Vitamin A und C, Riboflavin und Thiamin, außerdem Phosphat und etwas Kalium. Zum Vergleich: Die rohe Schote enthält 103 mg Vitamin C, die aus der Büchse (die eher süßlich als scharf ist) 36 mg Vitamin C. Es ist nicht unbedingt nötig, daß wir uns von Kindesbeinen an daran gewöhnen, rohe Chilischoten zu essen, aber das Gesagte dürfte wohl beweisen, wie gut wir daran täten, unsere Gerichte gewohnheitsmäßig wenigstens mit Cayennepfeffer zu würzen.

Sesam

Sesam gehört wohl zu den ältesten Gewürzen der Welt. Auf jeden Fall ist er die älteste Kulturpflanze, die wegen ihres Ölgehalts systematisch angebaut wurde. Ali Babas Zauberspruch «Sesam, öffne dich!» bezieht sich nicht auf den Namen der Schatzkammer, sondern auf die Samenkapsel, die bei der Reife aufplatzt. Keilschrifttafeln aus der Zeit um 2000 vor Christi Geburt zufolge, die das babylonische Schöpfungsepos enthalten, feierten die babylonischen Götter die Entstehung der Erde mit sesamgewürztem Wein.
Sesamsamen, die keinen chemischen oder sonstwie unnatürlichen Prozeß durchgemacht haben, enthalten je 100 Gramm 2,4 g Faser, 110 mg Kalzium, 2,4 mg Eisen, 5,92 mg Phosphat, außerdem Vitamin B_1, B_2 und Niacin. Das ungesättigte Öl liefert neben Protein auch Eisen und Magnesium.
Im Kaukasus wird Sesamsamen in erster Linie als Brot-

gewürz verwendet, ähnlich wie bei uns Kümmel und Mohn, aber auch für kleine Sesamkuchen und für die würzige nußartige Sesampaste. Wenn eine Schale mit Pistazien, Mandeln und Walnüssen gereicht wird, ist darunter auch immer Sesamsamen. Spinat-, Spargel-, Geflügel-, Rind- und Schweinefleischgerichten verleihen die Körnchen nicht nur Würze, sondern erhöhen auch ihren Nährwert, sofern der Sesamsamen in natürlichem Zutand belassen wird.

Zwiebel

Die Zwiebel hat viele gute Eigenschaften, ähnlich ihrem Verwandten, dem Knoblauch. Zu allen Zeiten und in allen Ländern gab es begeisterte Zwiebelesser, denn nicht nur schätzte man sie als würzige Beigabe, sondern man traute ihr auch besondere Fähigkeiten und Kräfte zu. Sie gehört zu den Gewächsen der Volksheilkunde.

Heute kennt man ihr Geheimnis. Die Zwiebel enthält nicht nur ein schwefelhaltiges ätherisches Öl, sondern auch Inulin (ein stärkeähnliches Kohlenhydrat), reichlich Mineralstoffe und Vitamine sowie ein wie Insulin wirkendes pflanzliches Hormon.

In mäßigen Mengen roh gegessen, wirkt sie sekretionsanregend und fördert die Verdauung, beseitigt Blähungen und Koliken. Da sie harntreibend wirkt, ist sie angezeigt bei Wassersucht, Nierengrieß und -steinchen. Eine Zwiebelabkochung ist gut gegen Heiserkeit, Husten und Halsentzündung. Äußerlich (zerquetscht) verwendet man sie zu Auflagen bei Furunkeln, Frostbeulen, schlecht heilenden Wunden und Insektenstichen sowie als Klistierzusatz bei Fadenwürmern.

Hülsenfrüchte
(Bohne, Erbse, Linse, Sojabohne, Tamarinde)

Auch die Hülsenfrüchte sind zu den Heilpflanzen zu zählen. Um so bedauerlicher ist es, daß man Linsen- und Erbsengerichte kaum noch kennt. Früher kamen sie in jedem Haushalt regelmäßig auf den Tisch, und sie waren auch auf der Speisekarte der Restaurants verzeichnet. Ich war selbst Zeuge, als etwa im Jahr 1930 einem Mann von seiner Schwiegermutter zum erstenmal ein Linsengericht vorgesetzt wurde. Er kostete davon, nicht ganz ohne das übliche Mißtrauen einer fremden Speise gegenüber, und rief begeistert: «Jetzt begreife ich, warum Esau dafür sein Erstgeburtsrecht hergegeben hat!» Ob Esau wohl ebenfalls dachte, daß Hülsenfrüchte Manneskraft und Langlebigkeit verleihen?
Alle eßbaren Hülsenfrüchte stellen ein reichhaltiges Angebot an Nährstoffen bereit. Ohne dies zu wissen, machte sich die Volksheilkunde die Eigenschaften der Hülsenfrüchte zunutze, indem sie zumindest die Bohne in ihren Kräuterbüchern anführte und insbesondere Bohnenblütentee empfahl.
Alle Hülsenfrüchte sind reich an Zellulose und an den Vitaminen des B-Komplexes, enthalten auch Karotin (das Provitamin A), etwas Vitamin D und E. Sehr hoch ist außerdem der Proteingehalt. Bohnen, Erbsen, Linsen und Sojabohnen liefern zudem viel Lezithin. Der Nährwert der Sojabohne, deren Samen etwa 35 Prozent Eiweiß enthält, ist so bekannt geworden, daß sie ihren Siegeszug durch die ganze Welt allein dieser Tatsache verdankt, weniger ihrem Geschmack. Sie ist aufgrund ihrer Beschaffenheit ein besonders vielseitig verwendbares Gewächs.

Leider ist das außerordentlich nahrhafte Tamarindenmus, das als leicht abführendes Mittel wirkt, bei uns viel zu wenig bekannt. Zu den wichtigsten Bestandteilen einer unverfälschten gemischten Kost gehören unbedingt alle genannten, bei uns vernachlässigten Hülsenfrüchte.

Siebentes Kapitel
Ernährung und Sexualität

Fast jeder Mensch hegt das Verlangen nach einem befriedigenden Geschlechtsleben, und eigentlich ist es verwunderlich, daß es in Anbetracht dieses durchaus natürlichen Verlangens nur verhältnismäßig wenigen Menschen vergönnt ist, von sexuellen Problemen verschont zu bleiben. Alle die unzähligen Ratgeber und Aufklärungsbücher haben offenbar bis jetzt nichts genützt. Die Klagen über vorzeitigen Samenerguß, Frigidität und Potenzmangel hören nicht auf.

Gewiß, am unbefriedigenden Geschlechtsleben können starke gefühlsmäßige und geistige Komponenten beteiligt sein, doch davon soll hier abgesehen werden. Hier geht es nur darum, inwiefern falsche Ernährung die Wurzel des Übels bildet; denn wenn das der Fall ist, kann kein Psychotherapeut oder Psychiater helfen.

Viele Männer suchen bei pornographischen Büchern oder Filmen Anregung. Das kann vorübergehend wirken, ebenso wie Autosuggestion oder die in der Werbung so vielversprechend klingenden Aphrodisiaka. Neue Spiele im Bett, von Buchautoren dringend empfohlen, üben aber auf die Dauer keinen Reiz mehr aus; es folgen nur neue Enttäuschungen und Rückfälle. Alle diese Anstrengungen setzen dem Herzen zu, denn es ist verhängnisvoll, sich jung zu fühlen, wenn man einen alten Körper hat.

So ernst, ja so tragisch das Problem der Potenz auch sein mag, muß es nicht bei einem Mann entstehen, wenn die Drüsen, welche die Sexualhormone produzieren, unterernährt sind? Diese Hormone, die Entwicklung und Funktion der Geschlechtsorgane fördern und steuern, werden bei der Frau in den Eierstöcken gebildet (Östrogene, Progesteron), beim Mann in den Hoden (Androgene). Es würde zu weit führen, die Steuerung im einzelnen zu erläutern; es genügt, dem Leser klarzumachen, daß dieser Vorgang rein körperlich ist und vom Seelischen zwar unterstützt wird, aber nicht unbedingt davon abhängt. Es steht auch fest, daß allzu dicke und allzu magere Frauen, also solche, die sich falsch ernähren, oft unfruchtbar sind, obwohl alle ärztlichen Untersuchungen beweisen, daß einer Empfängnis nichts im Wege steht. Ich selbst habe schon erlebt, daß eine Änderung ihrer Eßgewohnheiten sie zu glücklichen Müttern gemacht hat.

Man weiß heute, daß ohne Eiweißstoffe ein Liebesleben unmöglich wäre. Donald G. Cooley, eine der ersten Autoritäten auf dem Gebiet der Ernährungslehre und Herausgeber amerikanischer einschlägiger Zeitschriften, schreibt darüber:

«Eine Gruppe aufgeschlossener junger Männer wurde auf eiweißarme Diät gesetzt. Mit einer einzigen Ausnahme trat keine sichtbare Wirkung ein. Sie taten ihre Arbeit wie gewöhnlich. Sie erlitten keine Mangelkrankheit. Ihre Gesundheit schien unverändert zu sein. Aber sie verloren das Interesse an Mondscheinnächten, schönen Frauen auf Bühne und Leinwand, Badenixen und anderen reizvollen Erscheinungen. Dies weist darauf hin, daß die Erzeugung der für die normale Geschlechtsfunktion notwendigen Stoffwechselprodukte von der Eiweißzufuhr abhängt. Bestimmte von den Eiweißstoffen gelieferte Aminosäuren sind erforderlich, damit Schilddrüse und Nebennieren ihre Hormone ins Blut ausschütten. Dieser Umstand erklärt nicht nur den libidofördernden Wert der Proteine, sondern zeigt Mittel und Wege, wie die Sexualität angeregt werden kann.»

Es ist Tatsache, daß bei jungen Männern, die mit eiweißarmer Nahrung aufgewachsen sind, verminderte Fruchtbarkeit festzustellen ist und daß sie ungewöhnlich früh altern. Wird ihnen hingegen eiweißreiche Nahrung zugeführt, so verlängert sich die Periode der Fortpflanzungsfähigkeit in auffallender Weise.

Nach den neuesten Erkenntnissen der Ernährungswissenschaft muß den Proteinen eine außerordentlich wichtige Rolle zugeschrieben werden, insbesondere in bezug auf die Sexualität (nebenbei bemerkt, ebenfalls bei der Abmagerungsdiät). Da man jedoch nicht genau weiß, welche Aminosäuren zur normalen Geschlechtsfunktion unerläßlich sind (Lysin scheint auf jeden Fall dazu zu gehören), ist der Wert tierischer Eiweißstoffe über jeden Zweifel erhaben, da sie *alle* Aminosäuren liefern.

Proteine sind nicht die einzigen liebebeflügelnden Nährstoffe. Die Mineralien Eisen, Kupfer und Jod kommen hinzu. Früher wurden blasse junge Mauerblümchen vom Volksmund als liebeskrank bezeichnet, während die Ärzte von Bleichsucht (Chlorose nach Hippokrates) sprachen. Diese blassen, kraftlosen Geschöpfe leiden an Eisenmangel-Anämie, die bei Frauen häufiger vorkommt als bei Männern, weil sie mehr Eisen verlieren. Kupfer ist an der Regeneration der roten Blutkörperchen ebenso beteiligt wie Eisen. Glücklicherweise kommen Eisen und Kupfer in den meisten Nahrungsmitteln gleichzeitig vor, namentlich in Leber, Kalb-, Schweine-, Rind- und Hühnerfleisch, die deshalb an der Spitze blutbildender Nahrungsmittel stehen. Auch Melasse, der Rückstand bei der Zuckergewinnung, ist sehr reich an assimilierbarem Eisen. Eier und Aprikosen sind gleichfalls hervorragende Blutbildner. Orangen — nicht der ausgepreßte Saft! —, Milch und grüne Gemüse gewährleisten reichliche Kupferzufuhr. Kupfer findet man überdies in Nüssen, natürlichen Getreideprodukten, Austern und gedörrten Früchten.

Zwischen der Schilddrüse und den Geschlechtsdrüsen bestehen vielfältige Zusammenhänge. Jod ist deshalb so wichtig, weil es zwei Drittel der Schilddrüsensekretion ausmacht, des in der Schilddrüse gebildeten Hormons Thyroxin. Der Mensch, der an Jodmangel leidet, wird träge und lebensunlustig; es fehlt ihm an geistigem und körperlichem Schwung, sein Liebesleben verkümmert. Jodpräparate dürfen nur unter ärztlicher Kontrolle eingenommen werden. Verwendet man hingegen in der Küche Jodsalz, so ist die Sache ungefährlich, denn niemand hat Freude an versalzenen Speisen, so daß keine Gefahr des Zuviels besteht. Meertiere sind die besten natürlichen Jodquellen; Fische, Austern, Muscheln, Hummer und sogar auch Büchsenlachs. Gemüse können viel oder wenig Jod enthalten, je nach dem Boden, auf dem sie gewachsen sind. Dieser Unterschied ist übrigens entscheidend für den Nährstoffgehalt aller Pflanzen, denn sie können einem erschöpften oder verseuchten Boden kaum noch Mineralstoffe entziehen.

Es weisen viele Anzeichen darauf hin, daß auch Mangan bei der Sexualität eine Rolle spielt. Mangan ist für den Menschen ein wichtiger Mineralstoff, denn es kommt in allen Geweben vor, besonders konzentriert in den Geschlechtsorganen. Man läuft Gefahr, an Manganmangel zu leiden, wenn man keine Vollkornprodukte zu sich nimmt: Mangan ist in der Kleie enthalten.
Welche Rolle die Vitamine im Liebesleben spielen, läßt sich leicht beschreiben: Zwischen dem Vitamingehalt der Nahrung und der Tätigkeit der Keimdrüsen bestehen Zusammenhänge, denn die Vitamine regen die Keimdrüsen an. Vitamin E wird sogar als Fruchtbarkeitsvitamin bezeichnet; sowohl die männlichen als auch die weiblichen Keimdrüsen brauchen viel Vitamin E.
Wieder stehen wir vor der an sich so einfachen Tatsache: Unverfälschte, naturreine Kost liefert dem Körper alles, was er braucht. Jedes seiner Organe stellt Ansprüche, und die fortlaufende Regenerierung setzt Zufuhr an bestimmten Nahrungsstoffen voraus. Selbstverständlich ist das auch bei den Geschlechtsorganen der Fall.
Als neueste Errungenschaft auf dem Gebiet des problematischen Geschlechtslebens gibt es da und dort die psychiatrischen Sex-Kliniken. Können sie einem Menschen helfen, wenn seine Keimdrüsen nicht die Nährstoffe erhalten, die sie für ihre normale Funktion benötigen? Mit einem Sex-Restaurant wäre ihm besser gedient! Die Kaukasier brauchen weder das eine noch das andere. Sie verdanken es ihrer Ernährung, daß sie noch als Hundertjährige mit Amor im besten Einvernehmen stehen.

Achtes Kapitel
Körperliche Bewegung durch Gartenarbeit

Zellen, Drüsen, Hormone lohnen es uns, wenn wir ihnen die benötigten Nährstoffe zuführen: Knochen, Muskeln und Gelenke erstarken, der Körper entwickelt Kraft. Aber Kraft will genutzt sein. Die straffsten Muskeln erschlaffen, wenn sie keine Betätigung finden. Das hat jeder schon erfahren, der längere Zeit bettlägerig gewesen ist. Die beste Ernährung nützt nichts, wenn die Energie, die sie verleiht, im Nichts verpufft. Die Leistung des Sportlers fällt ab, wenn er nicht trainiert und sich nicht in Schwung hält. Den Ernährungsmotor verlangt es danach, sich zu betätigen. Ein vielsagendes Beispiel ist das gutgenährte Pferd, das bewegt sein will.

Doch ein warnendes Wort sei hier an die erste Stelle gesetzt. Wer an einer Herzkrankheit leidet oder einen zu hohen Blutdruck hat, für den gilt das folgende nicht. Er muß sich von einem Arzt beraten lassen, wieviel an körperlicher Bewegung er sich zumuten darf.

Kinder haben denselben guten Instinkt wie Tiere. Ihr Bewegungsdrang läßt sie rennen, anstatt zu gehen oder gar zu schlendern, ja nicht einmal in der Wohnung können sie sich gemessen bewegen. Beim Spiel im Freien toben und tollen sie. Ohne es zu wissen, lassen sie ihren Ernährungsmotor laufen. Das Kind, das nicht stillsitzen mag, folgt einem Naturgesetz.

Die Zivilisation und das Räderwerk unserer Gesellschaftsform haben es mit sich gebracht, daß ein großer Teil der Menschheit eine sitzende Lebensweise führt. Was das für Folgen gezeitigt hat, ist nicht verwunder-

lich: Die Zahl der Kreislaufstörungen und der Zivilisationskrankheiten ist enorm und nimmt täglich zu.
Leider schlagen viele Einsichtige einen falschen Weg ein, um der schädlichen Wirkung der berufsbedingten sitzenden Lebensweise zu begegnen: Sie nutzen das freie Wochenende zu intensivem Sport, bis sie, zumal im Sommer, schweißbedeckt und atemlos dem Zusammenbruch nahe sind. Man bedenke doch: Fünf Tage lang wird dem Herzen keine Leistung abverlangt, ruhen die Muskeln, und auf einmal wird der Körper zu Höchstleistungen angetrieben, die er gar nicht aufzubringen vermag. Diese plötzlichen Energie-Ausbrüche sind schädlich, können sogar gefährlich sein.
Das englische Wort *body building* hat nichts mit Körperbau zu tun, sondern es bedeutet *den Körper bauen*. Man mag vom eigentlichen *body building* halten, was man will, aber das Wortbild hat Gültigkeit: Wie ein Haus sollte der zur Trägheit verurteilte Körper Stein um Stein aufgebaut werden. Das Alltagsleben der Fünftagewoche bietet dazu unzählige Gelegenheiten. Anstatt den Lift zu benutzen, steige man — immer vorausgesetzt, das Herz ist gesund — die Treppen hinauf, denn gerade das Treppensteigen ist eine vorzügliche Bewegung, die das Blut in Umlauf setzt. Ist es unbedingt notwendig, mit dem Auto oder sonst einem Gefährt zur Arbeitsstätte zu fahren? Wenn der Weg wirklich weit ist, sollte man wenigstens einen Teil zu Fuß zurücklegen. Keine Zeit? Im Gegenteil, der Zeitgewinn ist groß — er kann etliche Lebensjahre betragen. Ich kannte einen Universitätsprofessor, der jeden Tag zu Fuß zu seiner Arbeitsstätte ging — es war ein Weg von vierzig Minuten —; als die Universität in einen Neubau in seiner Gegend verlegt wurde, zog er ins entgegengesetzte Viertel um, weil er auf

den Spaziergang hin und zurück nicht verzichten wollte. Sonntags unternahm er mit der Familie Wanderungen, die er den Kindern schmackhafter machte, indem er Wettläufe und Spiele veranstaltete. Er starb mit zweiundneunzig Jahren, ohne jemals an Altersbeschwerden gelitten zu haben.

Wer in den Arbeitstagen *jede* Gelegenheit zu körperlicher Bewegung benutzt, kann am Wochenende gut und gern einem geliebten Sport frönen, ohne sich zu überanstrengen, denn die Muskeln geraten nie aus der Übung. Der gesundheitliche Wert des Gehens und Wanderns kann gar nicht hoch genug eingeschätzt werden. Kniebeugen, Rumpfkreisen und ähnliche leichte Turnübungen lassen sich in den anspruchsvollsten Arbeitstag einschalten.

Auch der Körperbehinderte kann trainieren, indem er diejenigen Muskeln betätigt, die nicht betroffen sind, selbst wenn er sich damit begnügen muß, die Hände abwechselnd zu ballen und zu öffnen. Wichtig ist, daß die Körperbewegung jeden Tag vorgenommen wird.

Je ungewohnter die Bewegung ist, desto langsamer sollte der «Körper aufgebaut» werden.

In psychologischer Hinsicht ist der springende Punkt der, daß der Mensch mit sitzender Lebensweise sich motiviert fühlt, seinem Organismus mehr Sauerstoff zuzuführen, den Blutkreislauf anzuregen und das Herz zu kräftigen. Dazu gehört allerdings Einsicht und bewußter Verzicht auf bequeme Trägheit, die fälschlicherweise für Entspannung gehalten wird. Es hat etwas für sich, im geeigneten Augenblick die Füße auf den Schreibtisch zu legen, aber der Ernährungsmotor läuft dadurch nicht.

Ein geradezu klassisches Beispiel für die Notwendigkeit körperlicher Bewegung ist Harry S. Truman, der 33. Präsident der Vereinigten Staaten (1945—1953), der Gesundheit, Schwung und Langlebigkeit nach eigener Aussage seinem Arzt Dr. George S. Carter zu verdanken hatte. Ein dickes Männchen, das auf schwachen Beinen stand, sehr schlechte Augen hatte und früh Alterserscheinungen aufwies, so zog er mit fünfzig Jahren 1934 in den Senat ein. Als er erlebte, wie einer seiner Kollegen nach dem andern vorzeitig vom Herzinfarkt dahingerafft wurde, fragte er Dr. Carter: «Werde ich der nächste sein?»

Dr. Carter nahm kein Blatt vor den Mund. «Es ist mir schleierhaft, wieso Sie überhaupt noch leben mit Ihrem untrainierten Körper. Eine Sitzung nach der andern in rauchgeschwängerter Luft. Ihr Gesundheitszustand ist jämmerlicher als der Ihrer Kollegen, die bereits tot sind. Sie haben die Wahl: Bewegung oder Tod!»

Truman ließ sich von Dr. Carter behandeln. Nicht mit Pillen oder sonstigen chemischen Präparaten, sondern Dr. Carter begann damit, daß er seinen Patienten leichte Turnübungen mit den Beinen machen ließ, um sie für die kommenden Spaziergänge zu kräftigen. Mit den Wanderungen wurde allmählich begonnen, bis sich die Beinmuskeln strafften und größeren Anforderungen gewachsen waren. Gleichzeitig wurde Truman eine andere Ernährungsweise vorgeschrieben, damit er das überflüssige Fett verlor. So gewann Truman die Vitalität, für die er bekannt wurde; Herz und Lungen arbeiteten normal, wohingegen er früher bei der geringsten körperlichen Anstrengung in Atemnot geraten war. Ohne diese Änderung seiner Lebensweise hätte er laut Dr. Carter 1945 niemals die Präsidentschaft nach Roosevelts plötzlichem Tod übernehmen können. Präsident Harry S. Truman, dessen Leistungsfähigkeit legendär ist, starb 1972 im Alter von achtundachtzig Jahren. Er ist der schlagende Beweis dafür, daß tägliche mäßige Körperbewegung genügt, die unheilvollen Folgen der sitzenden Lebensweise zu verhüten.

Freilich, es ist ein Unterschied, ob man durch die asphaltierten Straßen der Stadt in der von Abgasen verpesteten Luft läuft oder einen erfrischenden Waldspaziergang macht; aber da es ja vor allem auf die körperliche Bewegung ankommt, muß man sich gegebenenfalls mit dem täglichen Gang zum Arbeitsplatz zufriedengeben. Der Säugling strampelt überall, im Hochhaus ebenso wie auf dem Bauernhof, weil ihm von Natur Bewegungsdrang gegeben ist, den der Erwachsene leider allzuoft verkümmern läßt.

Noch ein nicht unwichtiger Punkt: Es kostet kein Geld, die Beinmuskeln zu betätigen, im Gegenteil, man erspart sich das Taxi, von den chemischen Stärkungsmitteln gar nicht zu reden. Unsere Vorfahren, die Höhlenmenschen, mußten sich bewegen, um sich am Leben zu erhalten, das heißt, um sich Nahrung zu beschaffen. Wir Heutigen kleben größtenteils an einem Stuhl, um dasselbe Ziel zu erreichen, aber das Groteske ist, daß wir auf diese Weise unser Leben verkürzen.

Einen geradezu idealen Weg aus diesem Dilemma bietet die Gartenarbeit. Gemüse- und Obstnahrung aus dem eigenen Garten kann so beschaffen sein, wie es die Natur gewollt hat, wenn man den Boden nicht verdirbt, sondern ihn wie die Kaukasier (und wie Barbara Apisson auf ihrem Grundstück) mit Kompost düngt. Das ist ein ungeheurer Vorteil. Ein Garten macht Arbeit, das ist eine Binsenwahrheit. Zum Glück macht sie auch nicht nur Freude, sondern verschafft zudem die so dringend notwendige Bewegung. Die Engländer, die fanatische

Gärtner sind, zeichnen sich durch relative Langlebigkeit aus, auch dadurch bedingt, daß sie nicht das auf dem Kontinent übliche gesundheitsschädliche Frühstück zu sich nehmen. Bei ihnen geht eine verhältnismäßig vernünftigere Ernährung mit körperlicher Bewegung Hand in Hand.

Woher einen Garten nehmen, wenn man in einer Betongegend lebt? Der Leipziger Arzt Daniel Gottlieb Moritz Schreber, der die Heilgymnastik eingeführt und von 1839 bis 1860 viele Gesundheitsbücher veröffentlicht hat, würde sich im Grabe umdrehen, wenn er wüßte, welch unbarmherzigem Schicksal viele Schrebergärten heute ausgeliefert sind. (Er würde wohl auch über die schwitzenden, keuchenden «Jogger», die zu seiner Zeit Dauerläufer geheißen hätten, den Kopf schütteln.) Ein eigener Garten ist nur noch wenigen beschieden. Aber sicher kennt fast jeder einen Menschen, der zumindest ein Gärtchen besitzt und der vielleicht ganz froh wäre, wenn ihm etwas von der Arbeit abgenommen würde. Diese Gelegenheit sollte man ergreifen. Bei der Gartenarbeit werden fast alle Muskeln betätigt, nur muß man darauf achten, daß man sich richtig bückt: nicht einfach den Oberkörper beugen, sondern, was gerade für ältere Leute wegen der sonst falschen Rückenbelastung wichtig ist, dabei in die Knie gehen.

Auch hierbei gilt die Warnung: Gemach, gemach, sofern man nicht die jahrelange Gewohnheit hat, Gartenarbeit zu verrichten.

Gartenarbeit und Spaziergänge ergänzen einander durch Anstrengung einerseits und tätige Entspannung andererseits. Ähnlich ist es beim Pilzesammeln. Dabei wandert man durch den Wald, bückt sich und bringt sogar eine Mahlzeit auf den Tisch wie unsere Ahnen, die

sich, ehe sie Jäger wurden, ihre Nahrung in den Wäldern suchten.
Aber Vorsicht! Wer kein sattelfester Pilzkenner ist, muß die eingesammelten Pilze von einem Pilzkontrolleur begutachten lassen.
Bedeutung und Wert der körperlichen Bewegung sind nicht zu unterschätzen, wie jedem klar sein dürfte, der die Folgen der sitzenden Lebensweise am eigenen Leib zu spüren bekommen hat. Es ist jedoch ein Irrtum, anzunehmen, daß man allein durch körperliche Bewegung abnehmen kann. Sie ist lediglich der Ernährungsmotor, ohne den die bestgenährten Muskeln erschlaffen. Bei einem flotten Dreikilometermarsch auf ebenem Boden verbraucht der Mensch nur 115 Kalorien (481 Joule), die ihm eine Scheibe Brot (30 g = 63 Kalorien) wieder zuführt. Die Körperbewegung beim Schwimmen verzehrt in 30 Minuten 290 Kalorien (1213 Joule), aber schon eine Tasse Tomatencremesuppe führt dem wackeren Sportler wieder 227 Kalorien (950 Joule) zu. Der Wohlbeleibte, der beim Tennis ins Schwitzen kommt, verliert Wasser, aber kein Fett. Turnübungen sind so gut wie wertlos, wenn es sich darum handelt, aufgespeichertes Fett zum Verschwinden zu bringen. Aber ist nicht die Vorstellung, durch körperliche Bewegung sich die Gesundheit zu erhalten und das Leben zu verlängern, Grund genug, sie sich unter allen Umständen zu verschaffen?

Neuntes Kapitel
Grundlagen der kaukasischen Küche

Über die armenische Küche werden, wenn überhaupt, ganz falsche Angaben gemacht. Da heißt es zum Beispiel, im Kaukasus werde sehr wenig Fleisch gegessen. Wie wäre das möglich, wenn doch in der Sprache der Kaukasier das Wort Fleisch wörtlich übersetzt «unser Schaf» heißt? Vielleicht ist diese verkehrte Behauptung aufgekommen, weil sie ihren Gästen buchstäblich gemischte Kost vorsetzen, indem sie das Fleisch mit anderen Nahrungsmitteln mischen, ähnlich wie die Iren ihr Stew, nicht nur mit Gemüse, sondern auch mit Früchten, die wir getrennt zu servieren pflegen. Gäbe es bei uns in einem Restaurant einen «kaukasischen Fleischtopf», so würde das Fleisch zwar nicht in die Augen springen, aber vorhanden sein. Gerade die Fleisch-Eintopfgerichte der Kaukasier sind wahre Köstlichkeiten.
Es wird auch behauptet, die Kaukasier äßen wenig Fisch. Im Schwarzen und im Kaspischen Meer sowie im Sewansee wimmelt es von Fischen, und da sollten die Kaukasier auf diese Nahrungsmittel verzichten?
Allen gegenteiligen Behauptungen zum Trotz läßt sich aus Schafsmilch Joghurt bereiten, der im Kaukasus Madzun heißt und so fest ist, daß er mit Messer und Gabel gegessen wird. Er kommt zu jeder Mahlzeit auf den Tisch und ist ein beliebter Durstlöscher.
Gemüse und Salate gibt es in Unmengen. Eines der Geheimnisse der kaukasischen Küche besteht darin, daß mehrere Gemüse und Salate gleichzeitig gereicht werden, nicht wie bei uns etwa nur ein Gemüse oder nur

eine Salatsorte. Allerdings wird von dieser Überfülle jeweils nur in kleinen Mengen genommen. Die Vielfalt ist da, und darauf kommt es im Hinblick auf den verschiedenen Nährgehalt ja an. Früchte werden, wenn sie reif sind, roh genossen, im übrigen gedörrt. Dazu kommen Vollkorn, Nüsse und Samen. Man könnte nun sagen, daß es bei uns manch einen Haushalt gibt, wo der Tisch mit Vitaminen, Spurenelementen, Kohlenhydraten und Eiweiß reich gedeckt ist, und dennoch leiden die Menschen an Magen- und Verdauungsbeschwerden und werden nicht alt. Was macht den Unterschied aus?

Zur selben Zeit, als die Proteine in den Mittelpunkt rückten, weil die schädliche Wirkung eiweißarmer Nahrung bekannt wurde, geriet die Bedeutung der Ballaststoffe, das heißt der Rohfasergehalt pflanzlicher Nahrungsmittel, in Vergessenheit. Dafür sorgte nicht zuletzt die Lebensmittelgroßindustrie. Man mag nun fragen: Wozu sollen denn Ballaststoffe gut sein? Ballast ist doch nur dazu da, im gegebenen Fall abgeworfen zu werden. Das stimmt. Die Zellulose, aus der die Wände der pflanzlichen Zelle aufgebaut sind, und die zu den Kohlenhydraten gehört, wird vom Körper weggeworfen, genauer gesagt, mit dem Stuhl ausgeschieden, nicht als Ballast im reinen Sinne des Wortes, sondern lediglich überflüssig hinsichtlich des Nährwertes. Diese Ballaststoffe sind unverdaulich und haben keine Kalorien. Trotzdem sind sie für den Stoffwechsel außerordentlich wichtig, ja kaum weniger wichtig als die bisher genannten *Nähr*stoffe, und damit auch wichtig für die Gesundheit.

Diese Erkenntnis ist keineswegs neu. Schon von 1971 an erschienen in amerikanischen und englischen medizinischen Zeitschriften immer wieder Artikel über die ver-

hängnisvollen Folgen des mangelnden Rohfasergehalts in der Ernährung der westlichen Nationen. Sie beruhten auf Studien, die Wissenschaftler in Japan und in Afrika betrieben hatten. Sie stellten fest, daß die bei uns viel häufigeren Darmerkrankungen, darunter auch Darmkrebs, hauptsächlich vom Rohfasermangel herrühren. Sie fanden kein Gehör, denn weder die Lebensmittelindustrie noch die Chemiekonzerne haben ein Interesse daran, daß sich das Volk richtig ernährt, obwohl Brillat-Savarin bereits geschrieben hat: «Das Schicksal der Nationen hängt von ihren Eßgewohnheiten ab.»
Die Funktion der Ballaststoffe ist an sich ganz einfach: Sie beeinflussen die Blutfette günstig und fördern vor allem die normale Verdauung. Sie müssen länger gekaut werden, wodurch dem Magen viel Arbeit erspart bleibt, quellen auf und bleiben länger im Magen als andere Stoffe, so daß sie ein Gefühl der Sättigung verleihen, wodurch sie der Völlerei begegnen. Ihre beste Eigenschaft entfalten sie im Darmkanal: Sie brauchen doppelt so lange wie andere Stoffe, um durch die Därme zu wandern. Dadurch verzögern sie den Verdauungsprozeß, so daß die Nährstoffe gründlicher aufgenommen werden können, und gleichzeitig sorgen sie für eine gesunde Darmflora. Da die Verdauung durchaus normal vor sich geht, entwickeln sich keine schädlichen Bakterien, die Darmkrebs hervorrufen können, und es kommt auch nicht zu den Krankheitserscheinungen, die durch ein Übermaß an Cholesterin und Gallensäuren entstehen.
Für Abmagerungsbeflissene mag es zudem interessant sein, daß der englische Ernährungsforscher Dr. K. W. Heaton am 22. Dezember 1973 in der medizinischen Zeitschrift «The Lancet» folgendes verkündet hat: «Die extreme Verbreitung der Fettsucht in den westlichen

Ländern dürfte von der Tatsache herrühren, daß die meisten kohlenhydrathaltigen Nahrungsmittel denaturiert und zellulosearm sind.» In diesem Artikel steht ferner: «Meines Erachtens bewirken Nahrungsmittel, die der Zellulose beraubt sind, Überfütterung, wohingegen die stärkehaltigen Nahrungsmittel nicht dick machen, wenn sie mit ihren natürlichen Rohfasern gegessen werden.»

Weitere Studien bewiesen tatsächlich, daß ballaststoffreiche Nahrung die Menge der zugeführten Kalorien verringert, indem ein großer Teil unresorbiert durch den Verdauungskanal befördert wird. Die Zusammenhänge und die genauen Kalorienzahlen im Stuhl sind noch nicht ergründet, aber die Tatsache an sich würde erklären, wieso diejenigen fernöstlichen und afrikanischen Völker, die sich große Mengen an sich kalorienreicher, aber unverfälschter Getreideprodukte zuführen, nicht dick werden. Bis jetzt weiß man nur, daß Versuchspersonen, die nur natürliche Nahrung und Vollkornprodukte erhielten, täglich im Durchschnitt 321 Kalorien mehr ausschieden als die Vergleichspersonen, die mit denaturierten Nahrungsmitteln und mit Weißbrot ernährt wurden. Demnach rühren Übergewicht und frühzeitiger Tod nicht nur von dem her, was wir essen, sondern auch von dem, was wir nicht essen, in diesem Fall Rohfaserstoffe.

Die Nahrung der hundertjährigen Kaukasier setzt sich also aus den lebenswichtigen Vitaminen, Spurenelementen, aus Kohlenhydraten, Proteinen *und* Ballaststoffen zusammen. Keines dieser fünf Nahrungselemente wird vernachlässigt — sie sind die großen Fünf.

Die Gesundheit der Kaukasier rührt aber auch von dem her, was sie nicht essen, nämlich Zucker, den wir nun schon oft getadelt haben. Ein Eßlöffel Streuzucker hat 60 Kohlenhydratkalorien, sonst enthält er rein gar nichts. Man sagt deshalb, er bestehe aus leeren Kalorien. Damit leistet er dem Fettansatz gewaltigen Vorschub. Was das in bezug auf die Gesundheit bedeutet, ist klar. Je mehr Fett, desto mehr muß das Herz arbeiten. Die Fettmenge im Blut ist ganz und gar von der Ernährung abhängig. Leider werden erhöhte Blutfettwerte von dem Betroffenen überhaupt nicht wahrgenommen. Bei reiner Zuckerzufuhr muß die Bauchspeicheldrüse mehr Insulin produzieren, und das macht Hunger, auch wenn die notwendige Kalorienmenge längst erreicht ist. Das ist auch einer der Gründe, warum Schleckmäuler so maßlos sind und sich an Süßigkeiten «nicht satt essen» können.

Es gibt Menschen, die schon als Kind Zuckerzeug nicht mögen und Saures bevorzugen. Vielleicht haben sie besondere Geschmacksnerven, denn Instinkt kann es nicht sein, da ja auch Hunde und andere Tiere den ihnen schädlichen Zucker gern verzehren. Jedenfalls sind diese Kinder gut daran, wenn ihnen die Abneigung nicht ausgetrieben wird. Man kann mit Fug und Recht sagen, daß die Kinder in der westlichen Welt zu Zuckerkonsumenten erzogen werden, was der Zuckerindustrie, die seit 1894 die Herstellung künstlicher Süßstoffe mit oft sehr häßlichen Mitteln bekämpft, nur recht sein kann.

Die kaukasischen Kinder sind der unheilvollen Zuckerverführung nicht ausgesetzt, und die Hundertjährigen haben noch nie ein Stück Zucker gesehen. Das Bedürfnis nach Süßem wird durch saftiges Obst gestillt. Aber alles Obst enthält eben doch Zucker, wird man wohl einwenden.

Das ist ein Irrtum. Die nahrhaften süßen Früchte enthalten Fruktose, auf deutsch Fruchtzucker, die rasch phosphoryliert und beim Stoffwechsel nach einem bestimmten Verfahren abgebaut und verwertet wird. Sogar der schwere Diabetiker verträgt je Tag 30 g Fruktose; nur bei besonders schweren Fällen kann es bei größeren Fruktosemengen zu einer Umwandlung in Glukose kommen. Zur Diät des Diabetikers gehören Früchte, deren zulässige Menge je nach dem Fruktosegehalt verschieden ist, und die auf fünf Gaben im Tag verteilt werden. Daraus ist zu ersehen, daß der Verzehr von Früchten nichts mit Zuckerzufuhr zu tun hat.

Die Kaukasier sind sinnenfreudig und genießen das Leben. Wir sollten ihnen nicht nur die Eßgewohnheiten abgucken, sondern auch ihre Freude an körperlicher Bewegung und ihre Lebensart, die frei von Streß ist. Sie lassen sich nicht hetzen, sie verrichten ihre Arbeit zwar mit Einsatz ihrer natürlichen Energie, aber in aller Seelenruhe. Übrigens: Streß läßt Blutfette und Blutzucker steigen und verlangsamt den Blutkreislauf, hat also dieselbe Wirkung wie falsche Ernährung.

Zehntes Kapitel
Richtige und falsche Abmagerungsdiät

Die kaukasische Diät ist keine Abmagerungskur, sondern muß als lebenslange Ernährungsweise aufgefaßt werden. Nur das elfte Kapitel enthält Angaben für Abmagerungsbeflissene, das heißt eine eigens ausgearbeitete kaukasische Abmagerungsdiät. Dennoch sollen im

Anschluß an das vorherige Kapitel einige Worte zu den heute verbreiteten Abmagerungsphilosophien gesagt sein.
Der Markt ist überfüllt von Diätbüchern, die alle schnelle Erfolge versprechen. Ich möchte sie nicht in Bausch und Bogen verdammen, sondern nur vor einigen angepriesenen Diäten warnen, die gesundheitsschädigend sind.
Ich habe nie begriffen, wie man sich freiwillig einer Hungerdiät aussetzen kann. Wenn Ärzte die ausgemergelten Körper der Hungernden in der Dritten Welt untersuchen, finden sie Anämie, Ödeme, Knochenmarkkrankheiten, gefährliche Infektionen, unzählige Leiden. Legt das etwa den Gedanken nahe, freiwilliges Hungern zwecks Gewichtsabnahme sei der Gesundheit zuträglich? Die kaukasische Ernährungsweise ist keine Hungerdiät. Sie erlaubt aber auch nicht zu essen, was man will. Zum Glück, möchte ich sagen, denn Menschen, die essen, was sie wollen, und sich an ihren Vorlieben gütlich tun, werden meistens dick.
Kennzeichnend für die kaukasische Diät ist, daß sie dem Körper alles gibt, was er braucht, und zwar in der ausreichenden Menge, insbesondere weder zuviel noch zuwenig Protein. Alle Diäten, die dem Körper von einem notwendigen Nährstoff zuviel oder zuwenig liefern, sind gesundheitsschädigend. Ein Beispiel sind die dickbäuchigen Kinder, die an Kwashiorkor leiden, einem sogenannten Mehlnährschaden, der von mangelhafter Eiweiß- und reichlicher Kohlenhydratzufuhr herrührt. Diesen Kindern sind besonders wichtige Aminosäuren und die Vitamine A, B und C vorenthalten worden. Die Krankheit ist tödlich, wenn die Ernährungsweise nicht geändert wird.

Die Kaukasier sind, wie wir gesehen haben, keine Vegetarier, aber ein entscheidender Unterschied besteht bei ihnen: Die Tiere, die ihnen als Nahrung dienen, werden nicht gemästet, wie es im Westen aus Profitgründen der Fall ist. Die Kaukasier nehmen also nur mageres Fleisch zu sich, so daß ihre Gerichte weniger fett sind. Wir sollten ihrem Beispiel folgen, doch das ist dem einzelnen nur möglich, wenn er lediglich mageres Fleisch kauft oder zumindest alles sichtbare Fett wegschneidet. Es ist bekannt, daß fettreiche Nahrung Arterienverkalkung, hohem Blutdruck, Gehirnschlag und Diabetes Vorschub leistet. Hingegen fehlt es der kaukasischen Diät nicht an bekömmlichen Fettstoffen. Die Vitamine A, D, E und andere werden uns von Pflanzenfetten geliefert. Fehlt es an dieser Zufuhr, so kommt es zu Haut- und Haarkrankheiten, Infektionen und Körperschwäche. Meine eigenen Studien auf diesem Gebiet haben mich überzeugt, daß eine fettlose Ernährung auf die Dauer ebenfalls Selbstmord bedeutet.

Die notwendige Menge an Kohlenhydraten liefert die kaukasische Küche in Form von Vollkorngetreide, Gemüse und Früchten, außerdem gibt sie dem Körper die oft unbeachtet bleibenden Ballaststoffe (von denen bereits die Rede war).

Im folgenden zähle ich die schlimmsten Übeltäter unter den gesundheitsschädlichen Abmagerungskuren auf, die, zumal bei langfristiger Befolgung, Frontalangriffe auf normale Jugendlichkeit, Körperchemie und Stoffwechsel, Widerstandsfähigkeit der Gewebe und Muskeln sowie auf schöpferische Energie bedeuten.

Fleisch- und Wasserdiät

Freilich, dabei nimmt man ab, aber man muß auch schwer dafür bezahlen. Dem Körper werden große Mengen Protein und tierische Fette zugeführt. Der geringe Gehalt an Vitamin B_6 im Fleisch wird durch den Kochprozeß zerstört, ebenso die vorhandenen Mineralstoffe. Von Ballaststoffen kann keine Rede sein. Das Wasser belastet die Nieren über Gebühr.
Wie jede einseitige Ernährungsweise ist diese Diät gefährlich, in bezug auf die Nieren sogar besonders gefährlich. Es ist ein Glück, daß die wenigsten Menschen sie lange durchführen können.

Fettdiät

Wie ein denkender Mensch auf so etwas kommen kann, ist mir schleierhaft. Man stopft sich voll mit Rahm, Butter, Mayonnaise, Käse, Fleisch und Fisch, aber wo bleiben Kartoffeln, Gemüse, Obst und Zerealien? Die erlaubte Menge Salat soll gestrichen werden, wenn der Gewichtsverlust nicht erfolgt, und der Verstopfung will man mit Abführmitteln begegnen. (Nebenbei bemerkt, die Kaukasier kennen keine Abführmittel.) Kohlenhydrate erhält der Körper überhaupt nicht, dafür um so mehr Kalorien. Wie um Himmels willen soll ein solcher absichtlich bewirkter Mangel an lebenswichtigen Nährstoffen Spannkraft, Potenz und Gesundheit erhalten? Von der seelischen und geistigen Verfassung gar nicht zu reden.

Fruchtsaftdiät

Auch hierbei wird dem Körper vieles vorenthalten. Wo bleiben die Proteine, die aus Aminosäuren zusammengesetzten Naturstoffe, die einen Hauptbestandteil alles Lebendigen bilden? Der Organismus, in dem die meisten Proteine laufend auf- und abgebaut werden, ist gezwungen, sie selbst zu liefern, wodurch Knochen- und Muskelgewebe angegriffen werden und der Körper krankheitsanfällig wird. Der Darm wartet vergeblich auf Ballaststoffe und arbeitet nicht mehr.

Bananen- und Milchdiät

Auch das ist eine Mangeldiät. Die lebenswichtigen Spurenelemente, Proteine, Eisen und Vitamine werden nicht zugeführt. Ich habe Menschen gesehen, die wegen dieser Abmagerungsdiät in die Notfallabteilung des Krankenhauses eingeliefert werden mußten. Jede einseitige Obstdiät ist gefährlich!

Andererseits kann man sicher sein, daß eine Diät, die kein Obst erlaubt, dafür aber zur Einnahme von Vitaminpillen rät, der Gesundheit ebenso schadet wie denaturierte Nahrung.

Ich könnte noch viele Abmagerungskuren aufzählen, aber ich denke, der springende Punkt ist dem Leser klar: Unsere Nahrung muß abwechslungsreich sein und jeden Tag alle lebensnotwendigen Nährstoffe enthalten. Und die Nahrungsmittel müssen unverfälscht sein.

Elftes Kapitel
Eine unschädliche Abmagerungsdiät

Nach allem Vorausgegangenen ist es klar, daß eine Abmagerungsdiät, die auf den Eßgewohnheiten der Kaukasier fußt, nicht gesundheitsschädlich sein kann, im Gegensatz zu manch einer von den vielen, die in Büchern und Zeitschriften erscheinen, prompt befolgt und gepriesen werden, bis sich erwiesen hat, daß sie der Gesundheit erheblich geschadet haben. Ihre Schädlichkeit muß sich erweisen, weil sie dem Körper Stoffe vorenthalten, die er unbedingt braucht.

Eines gilt allerdings für alle Abmagerungsdiäten: Nur gesunde Menschen dürfen ohne ärztliche Überwachung abnehmen, am wenigsten Herz- oder Nierenkranke. Außerdem muß man während einer Abmagerungsdiät dafür sorgen, daß man sich genügend Vitamine und Spurenelemente zuführt, indem man neben den knapp bemessenen Mahlzeiten synthetische Präparate einnimmt. Man achte jedoch darauf, daß die wichtigsten Spurenelemente vollzählig beisammen sind, und begnüge sich nicht etwa mit einem Präparat, das nur ein paar enthält. Ich lege dem Leser dringend ans Herz, nochmals das fünfte Kapitel durchzugehen und sich die Stichwörter aufzuschreiben.

Zum Programm gehört natürlich auch die körperliche Bewegung, die der Ungestählte, dem das Sitzen zur Lebensgewohnheit geworden ist, mit Treppensteigen beginnt, um sich allmählich zu einem flotten Marschierer zu entwickeln. Kurz gesagt, es gilt nicht nur, die Diät zu befolgen, sondern es den Kaukasiern möglichst in allen

Dingen gleichzutun. Die Abmagerungskur ist zwar auch mit einem ästhetischen Ziel verbunden, soll aber in erster Linie der Gesundheit dienen. Nach unserer vierzehntägigen Diät wird man tüchtig abgenommen haben, möglicherweise vier bis sechs Kilo (beim einen geht's schneller, beim andern langsamer). Danach kann man sich die Mahlzeiten nach Barbara Apissons kaukasischen Rezepten zusammenstellen, wobei jedoch darauf zu achten ist, daß man sich den Teller nicht allzu voll lädt. Möchte man nach zwei bis drei Wochen noch mehr abnehmen, so beginnt man die vierzehntägige Diät von vorn. Bei öfterem Wechsel bringt man es ganz von selbst zum Meister in der kaukasischen Kochkunst, und der Weg ist frei zu einem längeren Leben voller Gesundheit. Man hat es also in der Hand, das Körpergewicht zu erreichen, das man sich wünscht oder aus Gesundheitsgründen erreichen muß. Am allerwichtigsten ist es, daß man nie mehr dieselben Ernährungsfehler wie vor der ersten Abmagerungskur begeht. Die früheren Eßgewohnheiten sollten vollständig ausgeschaltet werden. In erster Linie muß man rigoros auf Zucker und alle denaturierten Lebensmittel (Weißmehl, polierter Reis usw.) verzichten. Man wird sich wundern, wie häufig es sich ergibt, daß man mit verfälschten Nahrungsmitteln zu tun bekommt, am ehesten natürlich bei Einladungen. Aber sie dürfen ganz einfach nicht angerührt werden, wenn man gesund bleiben will.

Man benötigt eine kleine Waage, für eine ganze Familie eine Küchenwaage. Wenn ein Teelöffel angegeben wird, ist immer ein gestrichener Teelöffel gemeint, kein gehäufter. Es gibt kleine Maßgefäße zu kaufen, die den Löffel- und Tassenmaßen entsprechen.

Jede Schlankheitsdiät beruht auf dem Prinzip, dem Körper wenig Nahrung zuzuführen, so daß er gezwungen ist, von seinem eigenen Fett zu zehren. Mit andern Worten, die Kalorienzufuhr wird eingeschränkt. Es handelt sich also um eine Hungerkur. Bei den meisten Abmagerungskuren wird jedoch nicht beachtet, daß der Körper Eiweißstoffe, Kohlenhydrate, Vitamine, Spurenelemente und Ballaststoffe in bestimmtem Verhältnis unbedingt braucht, um den Stoffwechsel richtig zu bewerkstelligen und gesund zu bleiben. Bei der einen Kur werden aber nur eiweißhaltige Nahrungsmittel berücksichtigt und die Kohlenhydrate verbannt, bei der andern wird er mit Ballaststoffen vollgestopft. Selbstverständlich erfolgt die Gewichtsabnahme bei allen Hungerdiäten, aber der Körper darbt, anstatt nur Fett zu verbrennen, und Mangelkrankheiten entwickeln sich. Die Mangelkrankheiten, sofern sie überhaupt erkannt werden, greifen heute durch falsche Abmagerungskuren ebenso um sich wie durch falsche Ernährung.

Man kann meiner Diät vorwerfen, daß auch sie eine Hungerkur ist, die auf eingeschränkter Kalorienzufuhr beruht. Das liegt jedoch in der Natur der Sache. Das Fett, das man sich durch ein Zuviel an Nahrung angefuttert hat, kann nur durch Einschränkung der Kalorienzufuhr zum Schmelzen gebracht werden. Der Abmagerungsbeflissene glaubt zwar Hunger zu leiden, da er von seiner alten Gewohnheit der Völlerei und des unvernünftigen Schlemmens in bevorzugten Speisen ablassen muß, aber er sollte sich dabei immer wieder vor Augen halten, daß sein Organismus in Wirklichkeit nicht darbt, sondern so ernährt wird, wie er es von Natur aus begehrt. Diese Bewußtmachung sollte er als psychologische Krücke benutzen, denn es ist keineswegs leicht, liebgewordene Eßgewohnheiten aufzugeben.

Das betrifft aber auch äußerliche Gewohnheiten technischer Art. Manches, was meine Diät vorschreibt, kann man nicht mit einem Handgriff im Supermarkt vom Regal nehmen. Der Gang zum Reformhaus wird notwendig sein. (Man fasse ihn als körperliche Bewegung auf!) Vielleicht ist es auch nicht ganz einfach, die Forderung nach *frischem* Gemüse und Obst zu erfüllen, zumal die Stände auf dem Gemüsemarkt heute weniger von Bauern als von Lebensmittelkonzernen betrieben werden.
Ich wünschte, die Umwelt machte es dem Einsichtigen leichter. Doch in dem Maße, wie sich die Zahl der Einsichtigen mehrt, wird die Umwelt wohl gezwungen sein, sich nach ihnen zu richten. Vielleicht wird die allgemeine Umkehr zu einer gesunden Ernährungsweise eines Tages erfolgen.

Einige Zahlen zu unserer Diät:

Folgende Abkürzungen werden verwendet: Kal = Kalorien, J = Joule, KH = Kohlenhydrate, P = Portion je Person, g = Gramm, Sp = Spur oder Prise.
Die Getränke dürfen keine Beigabe enthalten, weder Zucker noch Milch.
Da nicht jeder Gelegenheit hat, sich bestimmte Fische zu beschaffen, hier eine Auswahlliste für die Abmagerungsdiät. (Hering, Makrele, Meerlachs, Heilbutt, Bückling, Schwertfisch und andere sind von der Liste ausgeschlossen, weil sie für eine Abmagerungskur zu viele Kalorien haben. Auch Austern müssen gemieden werden.)

120 g	Kal (J)	KH
Barsch (Meer)	108 (45,19)	0
Barsch (Süßwasser)	90 (376,6)	0
Brasse	127 (531,4)	0
Felche	103 (427,2)	0
Flunder (Filets)	90 (376,6)	0
Forelle (Bach)	115 (481,2)	0
Garnele	103 (427,2)	1,7
Hecht	102 (425,8)	0
Hummer	108 (451,9)	0,4
Jakobsmuscheln	127 (531,4)	0
Kabeljau	89 (372,4)	0
Krabben	106 (443,5)	0
Lachs, gekocht	118 (493,7)	0
Lachs, geräuchert	85 (355,6)	0
Miesmuscheln	93 (389,1)	1,5
Rogen (von Kabeljau und Hering)	143 (598,3)	2,2
Schellfisch	162 (677,8)	0
Seezunge	90 (376,6)	0
Stör	107 (447,6)	0
Thunfisch (in Saft)	144 (602,5)	0
Tintenfisch	95 (397,5)	1,7

Als Beigabe und Würze zu Fisch kann man verwenden:

	Kal (J)	KH
½ Teelöffel Zitronensaft	0,66 (2,575)	2
¼ Teelöffel Tabascosauce	0,75 (3,138)	0
1 Eßlöffel Pflanzenöl	100 (418,4)	0

	Kal (J)	KH
1½ Teelöffel Chilisauce	9 (37,66)	2
30 g Meerrettich	11 (46,02)	2,7
1 grüne Olive	8 (33,47)	0,1
1 Essiggurke	12 (50,20)	8
1 Teelöffel gehackte Petersilie	1 (4,184)	Sp
1 Selleriestange	5 (20,92)	1,6
½ Tasse Salatblätter	4 (15,74)	0,95
1 Tasse Brunnenkresse	6 (25,15)	1
3 Spargeln	10 (41,84)	2
½ Tasse Sojabohnensprossen	10 (41,84)	2
½ Tasse Artischockenböden, gekocht	14 (58,76)	2,25

Warnung: Ketchup und Worcestersauce enthalten Zukker.

Nehmen wir ein Beispiel: Thunfischsalat. Zu 120 g Thunfisch, in Saft konserviert, nicht in Öl, kommen ½ Teelöffel Zitronensaft, 1 Teelöffel gehackte Petersilie, 1 Selleriestange; dann enthält diese Portion Thunfischsalat im ganzen 155 Kalorien (648,5 J) und rund 3 g Kohlenhydrate.
Der Mehrwert an Beigaben und Würzen ist also stets zu bedenken, das heißt, man darf bei der Zubereitung eines Gerichts nicht einfach nach Lust und Geschmack vorgehen, sondern man muß den Mehrwert unter Umständen in Rechnung stellen. Eine Kalorie ist kein Nichts, sondern eben eine Kalorie, der es, wie es scheint, mehr Spaß macht, im menschlichen Körper Fett anzusetzen, als es zu verbrennen.

Bei der nun folgenden Abmagerungsdiät gilt grundsätzlich folgendes: Beim Frühstück wird stets ein Getränk angeführt. Das kann Kaffee oder Schwarztee (ohne Beigabe) sein, aber bei weitem am besten ist es, wenn man morgens Kräutertee zu sich nimmt. Nur wer wirklich glaubt, auf Kaffee oder Schwarztee nicht verzichten zu können, mag bei der alten Gewohnheit bleiben. Kalorien haben beide nicht, aber Kräutertee ist viel gesünder.

Erster Tag

Kalorien: 842 (3522 J); Kohlenhydrate: 49—50 g

Frühstück	P	Kal (J)	KH
Melone, dünn geschnitten	¼ Melone	30 (125,5)	7
Dauerwurst	100 g	110 (460,2)	0
Vollkornbrot	30 g	40 (167,4)	7
Getränk (ohne Zucker)		0	0
		180 (753,1)	14

Mittagessen			
Frischer Gemüsesaft, gewürzt mit etwas Reformsalz. (Der Saft wird in der Presse aus 2 großen Salatblättern, 30 g Fenchelblättern oder Brunnenkresse, 60 g Petersilie mitsamt Stielen oder 60 g Pfefferminze hergestellt. Nicht durchseihen; mit Wasser verdünnen.)	1 Glas	37 (154,7)	7
Quark zum Saft	3 Eßl.	33 (137,9)	0,5
Fisch, gegrillt oder gekocht	120 g	175 (731,5)	2—3
Gedämpfte Fenchelzwiebel	3 Eßl.	14 (58,52)	2
Joghurt (ohne Zusatz)	½ Tasse	76 (317,6)	6
Kaffee oder Kräutertee	1 Tasse	0	0
		335 (1400)	18,5

Abendessen			
Hammelfleisch (ohne Fett und Sauce)	120 g	130 (543,9)	0
Weizengrütze (s. Rezept S. 167), gekocht in fettfreier Hühnerbrühe	3 Eßl.	42 (175,7)	9
Gedämpfte Artischocke	½ Tasse	17 (71,13)	3
Aprikosenkompott. Die Aprikosen nur leicht kochen oder über Nacht einweichen. Kein Zucker.	4 m. große	70 (292,9)	16
Kräutertee	1 Tasse	0	0
		259 (1084)	28

Spätimbiß			
Hammelbratenscheibe, in Salatblatt eingerollt	30 g	68 (284,5)	0
Kräutertee, heiß oder kalt	0	0	

Zweiter Tag

Kalorien: 641 (2682 J); Kohlenhydrate: 74 g

Frühstück	P	Kal (J)	KH
Haferflocken (unpräpariert), gekocht in fettfreier Hühnerbrühe	30 g	100 (418,4)	17
1 kleiner Apfel, gerieben		35 (146,4)	8
Kaffeerahm	4 Eßl.	80 (334,7)	4
Die Bestandteile werden nicht gemischt, sondern aufeinander gehäuft.			
Getränk			
		215 (899,6)	20

Mittagessen			
Tomatensaft, vermischt mit 1 Eßl. zerdrücktem Fischrogen. (Die Tomaten schälen, aber den Saft nicht durchseihen.)	1 Glas	35 (146,4)	4,5
1 Scheibe Zunge	20 g	51 (213,4)	0,08
1 gefüllte Tomate. (Die rohe kleine Tomate wird geviertelt, aber nicht durchgeschnitten. Die Füllung besteht aus ¼ Tasse gehacktem Sellerie, Kohl oder Blumenkohl, evtl. einer Mischung in gleicher Menge. Dazu 2 geblätterte Radieschen. Mit ½ Teel. Sonnenblumenöl und etwas Zitronensaft beträufeln. Die gefüllte Tomate wird auf feingehacktem Dill und Salatblättern angerichtet.)	1	85 (355,6)	12,5
Kräutertee oder Kaffee			
		171 (715,5)	17
Abendessen			
Gemischter grüner Salat aus Kopfsalat, Dill, Pfefferminzblättern, angemacht mit ½ Eßl. Pflanzenöl, etwas Zitronensaft oder Essig, nach Geschmack mit gehackter Zwiebel oder Knoblauch.	½ Tasse	35 (146,4)	2
Truthahnbrust, gegrillt, ohne Fett und Sauce.	60 g	70 (292,9)	0
Eine Kartoffel, im Ofen mit der Schale gebacken, gewürzt mit 3 Tropfen Tabascosauce.	1 kleine	60 (251)	11
Frische dünne Spargeln, gedämpft	10	35 (146,4)	5
Kräutertee oder Kaffee			
		200 (836,8)	18

Spätimbiß			
Erdbeer-Joghurt. (Man mischt 3 Eßl. Naturjoghurt mit ½ Tasse zerdrückten reifen Erdbeeren und gießt Mineralwasser dazu.)	1 Glas	55 (230,1)	9

Dritter Tag

Kalorien: 717 (3000 J); Kohlenhydrate: 63 g

Frühstück	P	Kal (J)	KH
Heidelbeeren	½ Tasse	42 (175,7)	10
Gekochtes Ei	1	70 (292,9)	0
Vollkornbrot	30 g	40 (167,4)	7
Getränk			
		152 (636)	17
Mittagessen			
Gemüsesaft wie am ersten Tag, doch diesmal vermischt mit ¼ Tasse Tomatensaft	1 Glas	50 (209,2)	10
Fisch nach Wahl	120 g	180 (753,1)	3
Kräutertee oder Kaffee			
		230 (962,3)	13
Abendessen			
Gekochter Kabeljau. Das Fischfilet wird mit einer geschälten, aufgeteilten Mandarine belegt, mit 2 Eßl. Mandarinen- oder ½ Teel. Zitronensaft beträufelt und mit gehackter Petersilie bestreut. Man kocht den Fisch in fettfreier, nach Geschmack gewürzter Hühnerbrühe.	120 g	140 (585,8)	10

Gemischter Gemüsesalat aus Gurken, grünen Peperoni und Endivien. (Das Gemüse wird leicht in fettfreier Hühnerbrühe gekocht und mit Essig und wenig Pflanzenöl angemacht.)	2 Eßl.	55 (230,1)	3
Pfirsichkompott. (Der Pfirsich wird, gerade bedeckt, in fettfreier Hühnerbrühe gedünstet, eine Nelke zusetzen, und mit etwas Zimt bestäuben.)	115 g	35 (146,4)	8
Kräutertee oder Kaffee			
		230 (962,3)	21

Spätimbiß

Kefir oder Buttermilch. In ein Glas mischt man 1 Eßl. Randensaft (rote Rüben). Mit Sodawasser auffüllen.	1 gr. Glas	105 (439,3)	12

Vierter Tag

Kalorien: 789 (3301 J); Kohlenhydrate: 40 g

Frühstück	P	Kal (J)	KH
Apfel-Omelette. (Man schlägt 1 Eigelb mit 2 Eßl. Hüttenkäse, 1 geriebenen kleinen, reifen Apfel und 1 Eßl. gerührter Butter zusammen und zieht zum Schluß das geschlagene Eiweiß darunter. Backen, bis der gebräunte Teig fest ist.)	1	212 (887,1)	9
Apfelsaft, ungezuckert. (½ Tasse Apfelsaft wird mit Sodawasser aufgefüllt.)	1 Glas	60 (251)	14
Kräutertee oder Kaffee			
		272 (1138)	23

Mittagessen

Kaukasischer Borschtsch. (Man mischt 1 Tasse fettfreie Hühnerbrühe mit ¼ Tasse geriebenen frischen Randen (rote Rüben), ¼ Teel. Zitronensaft, 2 Tropfen Tabascosauce und läßt 15 Minuten lang dünsten. Kaltstellen. Die Schale wird mit Knoblauch ausgerieben. Mit dünner Gurkenscheibe, etwas gehacktem Dill und Pfefferminze garnieren. Vor dem Servieren mit 1 Eßl. Joghurt krönen.)	1 Schale	12 (50,21)	Sp
Gemischter Salat. (Brunnenkresse, Kopfsalat, Rettichscheiben, ein paar gekochte grüne Bohnen, ½ Teel. gehackter Schnittlauch oder Zwiebel, ein wenig Dill, angemacht mit Essig oder Zitronensaft und Würze nach Geschmack.)	1 Tasse	15 (62,76)	7
Kufta (Fleischgericht, s. Rezept S. 213) mit Champignons und Burgunderwein. (Das Fleisch besteht aus zwei Teilen Kalb- oder Rindfleisch, einem Teil Hammelfleisch und einem Teil Leber, alles feingehackt und gut vermischt. Der Hühnerbrühe fügt man 2 Eßl. Burgunder und 3 in Scheiben geschnittene Champignons bei. 15 Minuten lang leicht kochen. Die Fleischklöße werden leichter, wenn man 1 Eßl. feingeriebene Zwiebel hineinmischt.	4 Klöße 120 g	160 (466,9)	Sp
Kräutertee oder Kaffee			
		187 (782,4)	2

Abendessen			
Seezunge à la Dolma. (Unter Dolma verstehen die Kaukasier Füllung. Eine große Gurke wird 1 bis 2 Stunden lang in Weißwein mit gehackten Zwiebeln mariniert. Dann wird sie gargekocht und ausgehöhlt. Das Seezungenfilet wickelt man um ein Wurststäbchen, das in die Gurke gesteckt wird. 5 Minuten lang, unter Umständen etwas länger, dünsten lassen.)	135 g	125 (523)	5
Beigabe: Kaviar oder Kaviarersatz, das heißt Rogen von Seehase, Dorsch oder Hering. (Man zerdrückt den Kaviar mit Brotkrumen zu gleichen Teilen.)	1 Eßl.	16 (66,94)	2
Salat aus Kopfsalat, Luzernesprossen und gehacktem Dill, angemacht mit Essig, Pflanzenöl und 2 Tropfen Tabascosauce.	gr. P	25 (104,6)	Sp
Spinat, Artischocke oder Mangold	½ Tasse	20 (83,68)	3
Gemüsesaft aus ¼ Zucchetti, 2 Gurkenscheiben, ½ grüne Pfefferschote, etwas Pfefferminze, aufgefüllt mit Sodawasser.	1 Glas	16 (66,94)	3
		207 (866)	13
Spätimbiß			
Gesunde Knabberschale. (Man mischt 1 Eßl. frische Kürbiskerne, 1 Eßl. frische Sonnenblumenkerne, 8 geschälte Pistazien mit einigen Luzernesprossen und würzt nach Geschmack, aber nicht mit Kochsalz.)	kleine Schale	75 (313,8)	2
Edamer Käse	15 g	48 (200,8)	0
		123 (514,6)	

Fünfter Tag

Kalorien: 770—785 (3222—3284 J);
Kohlenhydrate: 63—69,5 g

Frühstück	P	Kal (J)	KH
Frisches Obst. (1 kleiner Apfel, 1 mittelgroßer Pfirsich, 1 Mandarine oder 50 g Melone)		35 (146,4)	8
Vollkornbrot	30 g	40 (167,4)	7
Milchgetränk «Tan». Auswahl: 1 Tasse Johurt,	1 Tasse	75 (319,8)	6
Kefir oder Buttermilch, mit Wasser aufgefüllt.	1 Glas	90 (376,6)	12
Kräutertee oder Kaffee			
		150—165 (627,6—690,4)	20,5—27

Mittagessen			
Grapefruit	½	35—40 (146,4—167,4)	10
Jakobsmuscheln. (Rohgewicht 45 g)	1 Tasse	112 (468,5)	0
Mittelgroße Kartoffel, im Ofen gebacken	1	60 (251)	10
Gurken- und Kopfsalat, angemacht mit Essig oder Zitrone, etwas Pflanzenöl, Dill und Würze, aber ohne Kochsalz.	große Schale	35 (146,4)	2
Kräutertee oder Kaffee			
		247 (1334)	23

Abendessen

Tomatensaft mit 1 Zitronenspalte und 2 Tropfen Tabascosauce. (Vorschlag: Dazu 2 Kapseln Lebertran.)	½ Tasse	24 (100,4)	4,5
Gegrilltes Hähnchen. (Mit Knoblauch einreiben, mit Hühnerbrühe bepinseln.)	½, 210 g	280 (1172)	0
Artischockenböden, gedämpft oder in fettfreier Hühnerbrühe gekocht.	2	14 (58,58)	5
Rosenkohl, gedämpft oder in Hühnerbrühe gekocht.	7—8 kleine	55 (230,1)	10
Kräutertee oder Kaffee			
		373 (1561)	19,5

Spätimbiß

Kräutertee

Sechster Tag

Kalorien: 754 (3155 J); Kohlenhydrate: 44 g

Frühstück	P	Kal (J)	KH
Obst. (40 g Erdbeeren, leicht zerdrückt, oder ¾ Pfirsich, in Scheiben geschnitten)		27 (113)	3
1 Eßl. Joghurt (obendrauf)	1 Eßl.	9 (37,66)	0,7
Bestreut mit etwas Muskatnuß, Zimt oder Nelkenpulver sowie 1 Eßl. Sesamsamen		22 (92,05)	0,8
Rührei. (Das Ei wird mit ½ Eßl. Kaffeerahm, 2 Tropfen Tabascosauce, etwas gehackter Petersilie und Estragon geschlagen. Man kocht es im Wasserbad unter fortwährendem Rühren 4 bis 6 Minuten bis zur gewünschten Festigkeit.)	1 kl. Ei	76 (317,9)	0,5
Vollkornbrot	30 g	40 (167,4)	7
Karkadeblütentee, gemischt mit Hagebuttentee, gewürzt mit Nelke. (Karkadeblütentee darf nicht mit Metall in Berührung kommen.)	1 Tasse	0	0
		174 (728)	12

Mittagessen

Julienne-Suppe. (Die getrocknete Julienne kauft man im Reformhaus. Es ist darauf zu achten, daß das Etikett weder Salz noch Zucker oder Frischhaltemittel aufführt. Man nimmt 1 Eßl. Julienne auf 1 Tasse fettfreie Hühnerbrühe oder kochendes Wasser und läßt mehrere Minuten lang ziehen.)	1 Tasse	25 (104,6)	5
Fleisch- oder Fischsalat. (¾ Tasse geschnetzeltes Geflügel oder Leber oder zerzupfter Fisch, gargekocht, vermischt man mit 2 Tropfen Tabascosauce, ein paar Luzernesprossen, ein wenig gehackter Schalotte, Dill, Schnittlauch, Selleriewürfelchen, zerzupften Salatblättern, etwas Zitronensaft und Pflanzenöl.)		150 (627,6)	Sp
Fruchtbrot. (1 Tasse in Wasser gargekochtes Vollkorngetreide vermischt man mit 1 kleinen geriebenen Apfel oder einer andern Frucht (Birne, Pflaume, Aprikose) und bäckt das Brot in einer kleinen Form, bis es gebräunt ist. Zucker darf nicht hinzugefügt werden.)	160 g	60 (251)	9
Kräutertee oder Kaffee			
		235 (983,2)	14

Abendessen

Fleischauflauf nach Hirtenart. (Man mischt 60 g gehacktes Rindfleisch, 110 g feingeschnittene Lammnieren, ½ Eßl. gehackte Zwiebel und Würzkräuter nach Wahl. Die Mischung wird in ein paar Tropfen Pflanzenöl geschmort, dann gießt man langsam ½ Tasse fettfreie Hühnerbrühe hinzu. Eine kleine zerdrückte Kartoffel dient als dünne Kruste, die mit ein klein wenig Rahm oder Butter bestrichen wird, damit die Feuchtigkeit bewahrt bleibt. Der Auflauf wird im Ofen goldbraun gebacken.)	1	290 (1213,3)	13
Gedämpftes Endiviengemüse	1 Tasse	25 (104,6)	Sp
Tomatenkefir. (½ Tasse Tomatensaft; keine Konserve, 1 Eßl. Kefir oder Buttermilch, etwas Luzernesprossen, Kerbel, 1 Tropfen Tabascosauce.)	1 Glas	30 (125,5)	5
		345 (1443)	18

Spätimbiß

Kräutertee

Siebenter Tag

Kalorien: 672 (2816 J); Kohlenhydrate: 69,5 g

Frühstück	P	Kal (J)	KH
Gegrillte Beeren. (¼ Tasse halbierte reife Erdbeeren oder halbierte Stachelbeeren werden mit ½ Teel. Anissamen und etwas Zimt bestreut. Man grillt die Beeren 1 bis 2 Minuten lang und serviert sie heiß.)	1	14 (58,58)	3
Aubergine mit Speck. (Eine dicke Auberginenscheibe wird in fettfreier Hühnerbrühe gargekocht. Man reicht sie mit einer geräucherten Speckscheibe oder 2 bis 3 dünnen Scheiben der armenischen Wurst Saudschuk — Rezept unter Fleischgerichten S. 218 — auf einem Teller, der ringsum mit 6 Brunnenkressezweiglein garniert ist.)	1	77 (322,1)	4
Kräutertee oder Kaffee			
		131 (548)	14

Mittagessen	P	Kal (J)	KH
Champignonauflauf. (Für 1 Portion braucht man ½ Tasse Champignons, 1 Eßl. feingemahlene Hirse oder Targhana — Rezept s. S. 160 — und 1 Tasse fettfreie Hühnerbrühe. Nach Geschmack kommt Tabascosauce hinzu. Die Mischung wird mit gehacktem Dill bestreut. Die Kruste besteht aus einer zerdrückten kleinen Kartoffel. Im Ofen backen.)	1	81 (338,9)	15

Gegrillte Zucchetti mit Käse. (Dieses Gericht kann am Abend vorher oder am Morgen vorbereitet werden. Man dämpft 170 g Zucchettischeiben al dente und belegt sie mit dünnen viertelfetten Käsescheiben. Eine Minute lang grillen oder bis der Käse geschmolzen ist. Nach Belieben heiß oder kalt servieren.)	1	95 (397,5)	6,5
Kräutertee oder Kaffee			
		176 (735,4)	21,5

Abendessen

Truthahnbrust, ohne Sauce.	80 g	140 (585,8)	0
Brauner oder wilder Reis, in fettfreier Hühnerbrühe gekocht.	3 Eßl.	89 (372,4)	18
Gedämpfte oder gekochte Broccoli, mit 4 g gerührter Butter serviert.	Rohgewicht: 180 g	50 (209,2)	7
Wassermelone, in Würfel geschnitten.	1 Tasse	41 (171,5)	9
Kräutertee oder Kaffee			
		365 (1527)	34

Spätimbiß

Mineralwasser

Achter Tag

Kalorien: 664 (2778 J); Kohlenhydrate: 25,4—29,4 g

Frühstück	P	Kal (J)	KH
Gekochtes oder pochiertes Ei.		75 (313,8)	0
Vollkornbrot	30 g	40 (167,4)	7
Brotaufstrich: Sesampaste (Tahini: feingemahlener Sesamsamen) oder ein gehäufter Eßl. Sesamsamen.	½ Eßl.	25 (104,6)	0,5
Kräutertee oder Kaffee			
		140 (585,8)	7,5

Mittagessen			
Kalbsherz oder Lammnieren mit Peperoni. (Kalbsherz oder magere Lammniere schmort man in 1 Eßl. Pflanzenöl, dem man ½ Tasse Champignonscheibchen und eine in kleine Streifen geschnittene mittelgroße grüne Pfefferschote beifügt, dazu ¼ Teel. Oregano, ½ Teel. Zitronensaft sowie 2 Tropfen Tabascosauce. Allmählich durchschmoren lassen, nicht zerkochen.)	85 g Fleisch	295 (1234)	4
Salat aus ½ Gurke, in dünne Scheiben geschnitten, und Kopfsalat, angemacht mit ein paar Tropfen Pflanzenöl und Apfelessig.		15 (62,76)	5
Kräutertee oder Kaffee			
		310 (1297)	9

Abendessen			
Fisch nach Wahl, gekocht oder gegrillt	85 g	76 (319,8)	0,5
Salat wie am fünften Tag	1 Tasse	35 (146,4)	2
Gedämpfter Fenchel	½ Tasse	14 (58,6)	1
Ungezuckertes, kalorienfreies Getränk nach Wahl			
		128 (535,6)	3,5

Spätimbiß			
Fruchtquark. (Man mischt ½ Tasse Quark mit ½ in Scheiben geschnittenen Pfirsich oder ½ geriebenen kleinen Apfel.)		86 (359,8)	5,5

Neunter Tag

Kalorien: 767 (3209 J); Kohlenhydrate: 30 g

Frühstück	P	Kal (J)	KH
Fleischteller auf armenische Art. (Man mischt 40 g kleingeschnittene Lammleber mit 150 g Rinds- oder Kalbsniere ohne Fett und 30 g magerem gehacktem Lamm- oder Kalbfleisch. Gewürzt wird die Mischung mit ein paar Tropfen Tabascosauce. Die Pfanne wird mit etwas Butter oder Pflanzenöl, gewürzt mit ein wenig Kümmel, eingefettet. Nach dem Anbraten gießt man etwas fettfreie Hühnerbrühe zu und läßt das Gehackte darin schmoren.)	1	236 (987,4)	5
Vollkornbrot	30 g	40 (167,4)	7
Kräutertee oder Kaffee			
		276 (1155)	12

Mittagessen

Fisch, vorzugsweise Schellfisch oder Flunder, in schmackhaftem Fischwasser gekocht oder gegrillt. (Mit Zitronenschnitzen servieren.)	80 g	100 (418,4)	0
Gemischter Salat aus Gemüseresten, angerichtet auf grünen Salatblättern, angemacht mit ein wenig Pflanzenöl und Essig.	1 gr. Schale	90 (376,6)	5
Kräutertee oder Kaffee			
		190 (795)	5

Abendessen

Gegrillte ganze Hähnchenbrust, gewürzt mit Kapern.	1	230 (962,3)	0
Grüne Spargeln (oder ½ Tasse Rosenkohl)	8	26 (108,7)	5
½ Tasse gekochte Sojabohnensprossen (oder eine knappe Tasse grüne Bohnen.)		25 (104,6)	5
Salat aus Kopfsalat und etwas feingeschnittenem Lauch, angemacht mit ein paar Tropfen Pflanzenöl und Essig.	kl. Schale	20 (83,68)	Sp
		301 (1259)	10 + Sp

Spätimbiß
Kräutertee

Zehnter Tag

Kalorien: 456 (1908 J); Kohlenhydrate: 15 g

Frühstück	P	Kal (J)	KH
Heiße Limonade (½ Teel. Zitronensaft auf 1 Tasse kochendes Wasser.)	1 Tasse	0	0
Gekochtes Ei, gewürzt mit Estragon		70 (292,9)	0
Kräutertee oder Kaffee			
		70 (292,9)	0

Mittagessen	P	Kal (J)	KH
(auch für Gäste geeignet) Gegrilltes Hähnchen. (Vier Hähnchen werden halbiert. In jede Hautfalte steckt man Stückchen einer gehackten Zwiebel. Die halben Hähnchen werden über Nacht in einer Tasse trockenem Sherry mit gehackter Zwiebelschale mariniert. Am Morgen fügt man der Marinade gut vermischt ½ l Joghurt, 1 Eßl. Currypulver, 1 zerdrückte Knoblauchzehe, ⅛ Teel. gemahlenen Ingwer, 1 Eßl. Zitronensaft, 1 Eßl. zerlassene Butter hinzu und mariniert die halben Hähnchen nochmals zwei Stunden lang. Dann werden sie mitsamt der Marinade gegrillt, wobei man sie bepinselt und wendet. Diesmal darf die Sauce mitverzehrt werden, die Kalorien sind dazugerechnet.)	½ Hähnchen	326 (1364)	4
Gemischter Salat aus grünen Peperoni- und Mohrrübenstreifen, Brunnenkresse, Pfefferminz- und			

Fenchelblättchen, Gurke und feingeschnittenem Stangensellerie. (Kalorien und Kohlenhydrate werden nicht gezählt, weil der tapfere Abmagerungsbeflissene am zehnten Tag seelische Unterstützung braucht und weil dieser Salat reich an Ballaststoffen ist. Das Menü ist für 4 Personen berechnet, für 3 Gäste, die sich an Suppe, Beilagen und Dessert gütlich tun, während der Abmagerungsbeflissene nach Herzenslust Salat essen darf.)	nach Belieben	«0»	«0»
Kräutertee oder Kaffee			
		326 (1364)	4
Abendessen			
Starke, echte Hühnerbouillon	1 Tasse	0	0
Salat aus rohem Gemüse. (Wenn Reste vom Mittag verwendet werden, sollten sie kaltgestellt worden sein. Auch hier werden die Kalorien zwecks Ermunterung nicht gezählt, aber man sollte sich den ganzen Tag tüchtig bewegen, um die «Mogelei» etwas auszugleichen.)	1 Tasse	«0»	«0»
Tan mit Gemüse. (Man mischt 2 Eßl. Joghurt mit ½ Tasse Hühnerbrühe und passiertem grünem Gemüse, evtl. mit Resten.)	1 Glas	20 (83,68)	1
Kräutertee			
		60 (251)	11

Spätimbiß
Heißer Brombeerblättertee oder ein ungezuckertes, kalorienfreies Getränk nach Wahl

Elfter Tag

Kalorien: 739 (3092 J); Kohlenhydrate: 39,4 g

Frühstück	P	Kal (J)	KH
Obstbecher. (½ Pfirsich, je 1 Birnen-, Apfel- und dünne Melonenscheibe. Der Becher wird mit 3 großen Blaubeeren oder 2 Erdbeeren gekrönt.)		47 (196,5)	10
Nußjoghurt. (Man mischt 2 Eßl. Joghurt, 2 Mandeln, 1 Walnuß, 1 Teel. Sesamsamen, ein wenig Weizenkeime, etwas Hefepulver und bestreut die Mischung mit einigen Anis-, Fenchel- oder Kümmelkörnern sowie mit etwas Ingwer-, Nelken- oder Muskatpulver.)		32 (133,9)	4
Dunkler Honig	1 Teel.	22 (92,04)	6
Kräutertee oder Kaffee			
		101 (422,6)	20

Mittagessen

Fleischkloß am Spieß. (Feingehacktes mageres Hammel-, Kalb-, Geflügel- oder Rindfleisch vermengt man mit 1 Eßl. feingehackter Schalotte und einem Gemisch aus grüner Pfefferschote, Dill, Petersilie, Thymian und Oregano. Dazu fügt man ½ Teel. Tomatenpüree, aber keine Fabrikware, 2 Tropfen Tabascosauce sowie gemahlenen Fenchel, gemahlenen Kümmel oder Senf. Aus dem Fleisch formt man einen Kloß, der mit einem Netz zusammengehalten wird.

Der Fleischkloß wird auf einen Spieß gesteckt und einige Minuten nach Geschmack gegrillt.)	85 g Fleisch	150 (627,6)	2
Weizenbrei. (Man kocht 3 Eßl. ungeschälte Weizenkörner, wenn möglich Bulgur, in fettfreier Hühnerbrühe und fügt hernach ein paar Luzernesprossen hinzu.)	1	48 (200,8)	10
Salat aus dünnen Zwiebelringen, Tomate, Gurke, Dill und Kopfsalat.	1 Tasse	45 (188,3)	6
Salatsauce. (1 knapper Eßl. Pflanzenöl wird mit 20 g Roquefortkäse gründlich gemischt.)		200 (836,8)	Sp
Kräutertee, heiß oder kalt			
		443 (1854)	18 + Sp

Abendessen

Gegrillte Seezunge	135 g	105 (439,3)	0
Krabbensalat. (½ Tasse Krabbenfleisch, ¼ Tasse fettfreie Hühnerbrühe, 5 Tropfen Tabascosauce, 1 Teel. geriebene Zwiebel, ¼ Teel. Pflanzenöl, ½ Tasse rohe Selleriewürfel, ½ Teel. Zitronensaft, etwas Dill, 1 Teel. Luzernesprossen, Kopfsalatblätter. Die Mischung wird auf den Salatblättern angerichtet, Dill und Luzerne kommen obendrauf.)		90 (376,5)	1,4
Kräutertee oder Kaffee			
		195 (815,9)	1,4

Spätimbiß

Kräutertee

Zwölfter Tag

Kalorien: 715 (2992 J); Kohlenhydrate: 37,5 g

Frühstück	P	Kal (J)	KH
Gemüsesaft. (Man fügt ½ Tasse Tomatensaft Gemüsesäfte – Knollengrün, Randen, Fenchelgrün, Schnittlauch, Zwiebel – nach Geschmack hinzu. Wichtig ist, daß die Säfte nicht passiert werden, damit die Rohfasern erhalten bleiben. Der Saft wird mit ein paar Tropfen Tabascosauce gewürzt und mit gehackter Petersilie bestreut.)	1 gr. Glas	21 (87,86)	5
Leber mit Speck. (40 g Kalbs- oder Lammleber wird in Milch eingeweicht, während man 2 bis 3 Scheiben geräucherten Speck in einer mit Knoblauch ausgeriebenen Pfanne brät. Die abgetupfte Leber wird darin mit schwarzem Pfeffer und feingehackter Petersilie auf beiden Seiten gebraten, je etwa 1½ Minuten lang. Kurze Bratzeit ist notwendig, sonst wird die Leber hart.)	1 P	190 (795)	3
Vollkornbrot	30 g	40 (167,4)	7
Kräutertee oder Kaffee			
		251 (1050)	15

Mittagessen

Gemüse-Obst-Mischung. (Die Maße sind für 2 Portionen berechnet, weil man die Hälfte gut in Gelee aus neutraler Gelatine an einem andern Tag zu sich nehmen kann, an dem man einen Ersatz mit gleicher Kalorienzahl braucht. Die Mischung besteht aus 2 gehackten rohen Zucchettischeiben, 50 g gekochter kalter Rande (rote Rübe), ¼ Tasse Erdbeeren, je 2 Tropfen Vanille-, Mandel- und Zitronenextrakt. Man richtet sie auf Kopfsalatblättern an.)	1 P	45 (188,3)	10
Jeder Portion gibt man 65 g Quark bei, der obendrauf kommt oder als Garnitur rings um die Speise durchgedrückt wird.	65 g	69 (288,7)	1,8
Man kann den Quark mit 1 Eßl. Schlagrahm anreichern, um dem Gaumen eine Freude zu gönnen. Spartanische Naturen unterlassen es.		(10 [41,84]	Sp)
Vollkornbrot	30 g	40 (167,4)	7
Camembert	40 g	115 (481,2)	
Kräutertee oder Kaffee			
		279 (1167)	19

Abendessen

Flundernfilet. (In Hühner- oder Fischbrühe gedünstet.)	90 g	105 (439,3)	
Weisskohlgarnitur aus ½ Tasse feinstreifig geschnittenem Kohl, der mit einigen Tropfen französischer Salatsauce vermischt wird.		70 (292,9)	2,5
Kleiner Salatteller aus Radieschenscheiben, etwas Brunnenkresse, einigen dünnen Gurkenscheiben und feingeschnittenem Mangold. Keine Sauce, bitte. Seien Sie tapfer, denn Sie sind beinahe am Ziel!		10 (41,84)	Sp
Getränk ohne Beigabe			
		185 (774)	2,5 + Sp

Spätimbiß

Kräutertee

Dreizehnter Tag

Kalorien: 730 (3054 J); Kohlenhydrate: 51—53 g

Frühstück	P	Kal (J)	KH
Hühnerbrust mit Fenchel. (½ Hühnerbrust wird über Nacht in Weißwein mit geriebener Zwiebel mariniert. Nach dem Herausnehmen entfernt man die Knochen. 50 g Fenchelstiele werden zerschnitten und gedämpft. Die Hühnerbrust brät man in einem Stückchen Butter und 1 Eßl. Marinade an. Bevor sie bräunt, fügt man den Fenchel und 1 bis 2 Eßl. Hühnerbrühe hinzu. Auf jeder Seite fünf Minuten lang schmoren lassen. Über Hühnerfleisch und Fenchel kommen 1 Eßl. schaumig geschlagene Butter und 1 Eßl. Kaffeerahm.)	80 g Hühnerbrust	200 (836,8)	2 + Sp
Reisbrei mit Apfel. (Man kann dieses Gericht am Abend zuvor zubereiten und dann im Wasserbad aufwärmen. Ein kleiner Apfel wird geviertelt und 2 Minuten lang in so viel Hühnerbrühe gekocht, daß er bedeckt ist. Der ungeschälte Reis wird in Hühnerbrühe gargekocht und rings um den Apfel angerichtet. Gekochter Reis.	¼ Tasse	70 (292,9)	15
Ungezuckertes, kalorienfreies Getränk nach Wahl			
		270 (1130)	17 + Sp

Mittagessen

Gedämpfte Blumenkohlröschen (120 g)	1 Tasse	25 (104,6)	3
½ mittelgroße Melone mit ½ Tasse Quark, etwas Cayennepfeffer und Muskatnuß		184 (770)	25
Kräutertee			
		209 (874,5)	28

Abendessen

Geräucherter Speck oder Dauerwurst, 2 mittelgr. Scheiben		110 (460)	Sp
1 Tasse gedämpfter Lauch (110 g) und ½ Tasse gedämpfte Zucchetti		66 (276,1)	7
Roquefort-Käse	15 g	60 (251)	1
Gemischter grüner Salat (Brunnenkresse, Endivien, Kopfsalat), mit geriebenem Parmesan bestreut (statt Sauce)	1 Tasse	15 (62,76)	Sp
Kräutertee oder Kaffee			
		251 (1050)	8 + Sp

Spätimbiß

Kräutertee

Vierzehnter Tag

Kalorien: 808 (3381 J); Kohlenhydrate: 42 g

Frühstück	P	Kal (J)	KH
Bachforelle. (Die Forelle wird kurze Zeit in trockenem Sherry mit Estragon, Kerbel und einigen Tropfen Tabascosauce mariniert. Man taucht sie in Kaffeerahm, bevor man sie in zerlassener Butter auf beiden Seiten schnell bräunt. Sie darf nicht anbrennen. Die Forelle wird mit ein paar Tropfen Zitronensaft beträufelt und mit ½ Teel. gehackter Petersilie bestreut. Vor dem Auftragen den Rest der heißen Butter darübergießen oder mit 1½ Eßl. Butter bestreichen.)	120 g	216 (903,8)	Sp
Kaki, flambiert. (Statt Kaki kann man ¾ Tasse frische Pfirsich- oder Birnenscheiben nehmen. Die vollreife Kaki — unreife Früchte ziehen den Mund zusammen — wird geviertelt, aber nicht ganz durchschnitten. Man begießt sie mit 1 Teel. Branntwein und zündet den Alkohol an.)		95 (397,5)	20
Kräutertee oder Kaffee			
		311 (1301)	20 + Sp

Mittagessen

Starke, echte Hühnerbouillon, darauf ein wenig Luzernesprossen und 1 Eßl. Joghurt	1 Tasse	7 (29,29)	Sp
Hammelhoden. (Der halbierte Hammelhoden wird in Milch getaucht und 2 Minuten in einer ausgebutterten Pfanne gegrillt. Wenn der Metzger nicht damit dienen kann, läßt man sich beizeiten Stierhoden reservieren.)	50 g	60 (251)	Sp
Grüner Salat nach Wahl	½ Tasse	15 (52,76)	Sp
Kräutertee oder Kaffee			
		82 (343,1)	1

Abendessen

Filet mignon. (Das geklopfte Filet wird mit Pflanzenöl bestrichen und bei starker Hitze nach Geschmack gar oder halbgar gegrillt. Vor dem Anrichten würzt man es mit Sojasauce. Bei Tisch wird das Filet mignon mit Burgunder begossen und mit Cognac flambiert – zur Feier des letzten Abends der Abmagerungsdiät.)	110 g	300 (1255)	Sp
Gedämpfter Rosenkohl	8	55 (230,1)	10
Kartoffel, mit der Schale im Ofen gebacken, 1 kl. bis m.gr.		60 (251)	11
Kräutertee			
		415 (1736)	21

Spätimbiß

Kräutertee

Ich weiß, das Frühstück mag für viele recht ungewohnt sein, aber es ist in dieser Form fast die Hauptsache. Die meisten Gerichte kosten auch Zeit und Mühe. Der Spätimbiß, bei dem es ja nicht viel zu beißen gibt, dient vor allem dazu, das Hungergefühl zu stillen und dem Körper Flüssigkeit zuzuführen. Es ist sogar gut, wenn der Abmagerungsbeflissene auch vormittags und nachmittags Flüssigkeit zu sich nimmt — nur kalorienfreie natürlich —, damit die Nieren angeregt werden. Ältere Menschen brauchen besonders viel. Das Getränk, das *Tan* heißt, besteht aus Flüssigkeit — Wasser oder Saft —, die dem Joghurt zugesetzt ist. Wer davon Gebrauch machen will, muß bedenken, daß er sich mit Naturjoghurt ziemlich viele Kalorien und Kohlenhydrate zuführt. Es ist bedauerlich, daß bei der Abmagerungskur auf dieses gesunde kaukasische Nahrungsmittel mehr oder minder verzichtet werden muß, damit andere Nährstoffe nicht zu kurz kommen.

Die Waage wird demjenigen, der die Abmagerungskur trotz mühsamer Planung und Organisation, trotz Verzicht und Askese durchgestanden hat, den schönen Lohn vor Augen führen: Die Gewichtsabnahme ist unübersehbar. Aber mehr noch, er wird sich besser und leistungsfähiger fühlen. Er hat zwar subjektiv gedarbt, aber alle Zellen seines Körpers haben die notwendigen Nährstoffe erhalten, und zwar ohne die heute verwendeten Zusatzstoffe wie Konservierungsmittel, Stabilisatoren, Füllmittel, Geschmacksverstärker und Färbemittel. Er hat sich wie die hundertjährigen Kaukasier ernährt, nur mit kleineren Portionen.

Zwölftes Kapitel
Bevorzugte Lebensmittel der hundertjährigen Kaukasier

Die kaukasischen Nationalspeisen sind rustikal im besten Sinne des Wortes. Es sind insofern Eintopfgerichte, als viele Bestandteile vermischt werden, dies nicht nur um der geschmacklichen Ergänzung willen, sondern aufgrund langer Erfahrung auch in bezug auf den Nährgehalt. Vielleicht wußten auch unsere Vorfahren um dieses Geheimnis, aber es ist wohl mit der Zivilisation verlorengegangen.

Wenn die Kaukasier ein Lamm oder einen Hammel schlachten, verwenden sie mit Ausnahme des Fettes alle genießbaren Teile des Tieres, auch Knochenmark, Kaldaunen (Kutteln), Milz usw., und darum bestehen ihre Dauerwürste aus reinen Eiweißstoffen ohne Fette und Streckmittel.

Die beliebteste Suppe heißt *Pahrtabaur,* eine Kuttelsuppe, die wie alles im Kaukasus nicht mit Wasser, sondern mit Hühnerbrühe aufgesetzt wird. Pahrtabaur enthält viele Aufbaustoffe und Aminosäuren. Im Kaukasus sagt man, man könne es einem Menschen ansehen, ob er regelmäßig Pahrtabaur ißt: Er wirkt jünger, als er den Jahren nach ist.

Nummer zwei der vitalisierenden Lebensmittel ist *Petmez.* Das ist ein auf natürliche Weise konzentrierter Traubensaft, der sogar exportiert wird. Rohe Weintrauben werden in weniger als zwei Stunden verdaut, Petmez noch schneller. Er gilt als Aphrodisiakum. In Armenien verwendet man ihn als Brotaufstrich und für Süßspeisen. Zwanzig mittelgroße Weinbeeren, die dem Aufstrich für eine Brotscheibe entsprechen, enthalten 60 Kalorien, 9 % Protein, 5,8 % Kohlenhydrate, ungesättigtes Öl, hohe Anteile an Thiamin, Riboflavin, Niacin, Vitamin A, Kalium, Eisen, außerdem Vitamin C, Kupfer und andere Spurenelemente in geringerer Menge. Welch wunderbarer Zuckerersatz!

Die Kaukasier nehmen Petmez vorzugsweise mit *Tahini* zusammen. Darunter ist eine Sesampaste zu verstehen, die im Kaukasus eine ähnliche Rolle spielt wie die Erdnußbutter in den Vereinigten Staaten. Die Paste, sozusagen eine Margarine, liefert nicht nur viel Protein, sondern vor allem die äußerst wichtigen Aminosäuren Tryptophan, Leuzin, Lysin, Methinin, Phenylamin, Isoleuzin, Valin und Threonin. Das ungesättigte Öl ist zudem reich an Vitamin E und F, Thiamin und Riboflavin, Niacin und an Phosphor, Kalzium und Eisen. Cholin, Inositol und Lezithin sind gleichfalls vertreten, gerade die Stoffe, die Geschlechtsdrüsen, Hirn- und Nervengewebe besonders benötigen. Zu den Nährstoffen des Sesamöls zählen außerdem Magnesium, Schwefel und Kalium.

Seit biblischen Zeiten schätzen die Kaukasierinnen den Sesamsamen hoch als Spender strotzender Männlichkeit. Den Liebestrank, den die Menschheit in Sage und Märchen gesucht hat, scheint Tahini gut ersetzen zu können. Die Zusammensetzung des Sesamöls erklärt es unwiderlegbar.

Tarama hat als Nahrungsmittel, das Jugendlichkeit und Lebenskraft verleiht, eine ebenso lange Geschichte. Damit sind Eier gemeint, vorzugsweise allerdings Rogen, also Fischeier. Tarama als Füllung bedeutet immer Rogen. Alle Eier sind proteinreich und enthalten die Vitamine A, D, E und F sowie wichtige Spurenelemente.

Allerdings fallen die Kalorien der Fischeier ins Gewicht, obwohl sie keine Kohlenhydrate enthalten mit Ausnahme des Rogens (60 g = 7 g KH). Die schmackhaftesten Fischeier, nämlich der Kaviar, werden nicht umsonst in karger Menge genossen, denn 2 Teelöffel haben 45 Kalorien. Rogen ist so besonders nahrhaft, weil er im Gegensatz zu Geflügeleiern auch Kalzium, Jod und Fluor enthält. Daß gerade Eier sozusagen voll von lebenswichtigen Nährstoffen sind, ist eigentlich nicht verwunderlich, weil sie ja neues Leben in sich tragen, lauter Stoffe, aus denen sich lebendige Geschöpfe entwickeln.
Einen bedeutenden Platz auf der Liste der kaukasischen Nahrungsmittel nimmt das Getreide ein. Immer wird das unverfälschte Korn verwendet, dem nichts entzogen worden ist.
Die Gelehrten streiten sich, was zuerst im Kaukasus kultiviert wurde, Weizen oder Reis. Wie dem auch sein mag, archäologische Studien beweisen, daß der neolithische Mensch den Anbau von Weizen bevorzugte, weil dieses Getreide am leichtesten zu kultivieren, zu ernten, aufzubewahren und zu transportieren war.
Weizen hat als einziges Getreide einen hohen Gehalt an Gluten (Klebereiweiß) — Roggen hat einen ganz geringen —, wodurch sich die Backfähigkeit des Mehls erklärt. Genauer gesagt, Weizen enthält sowohl die Proteine Glutelin als auch die Prolamine, aus denen Gluten zu fast gleichen Teilen besteht. In Reis und Hafer fehlen Prolamine. Auch das ist ein Grund, warum Weizen im Kaukasus bevorzugt wird; dies beruht nicht auf Wissen, sondern auf jahrhundertealter Erfahrung.
Eine Tasse Vollweizen (447 Kalorien) enthält neben den wichtigen Ballaststoffen die Vitamine E, F, B_1, B_2, Niacin, Folsäure und Pantothenat, Pantothensäure (früher

dem B-Komplex zugerechnet), die Aminosäuren Typtophan, Leuzin, Isoleuzin, Valin, Threonin, Lysin, Phenylain, Methionin. Der Fettgehalt in Form des Weizenkeimöls beläuft sich auf 4,3 Prozent. Der hohe Gehalt an Kohlenhydraten (380 g) rührt von dem Stärkegehalt her. Die im Weizen enthaltenen Spurenelemente sind Zink, Phosphor, Eisen, Kalzium, Kupfer, Magnesium, Kalium und etwas Mangan (Buchweizen ist manganreicher).
Zwei Eßlöffel frische rohe Weizenkörner liefern 1 g Linolsäure, eine zweifach ungesättigte Fettsäure, die vom Menschen nicht synthetisiert werden kann und darum ein wichtiger Nahrungsbestandteil ist. Linolsäure kommt in den meisten pflanzlichen Ölen vor, am reichsten im Öl von Baumwollsamen, Sesamsamen und Sonnenblumenkernen.
Ist es angesichts dieser Tatsachen faßbar, daß die Gesundheitsbehörden im Westen nichts unternehmen, die Verwendung von weißem Mehl zu unterbinden oder zumindest einzuschränken? Es geht dabei immerhin um die Volksgesundheit.
Nun zum *Joghurt,* der zwar den Weg zu uns gefunden hat, aber von der Lebensmittelindustrie teilweise auch verpanscht wird. Joghurt fehlt so gut wie nie auf dem Tisch des Kaukasiers; er wird auch als Durstlöscher genossen. Natürlicher Joghurt ist kein chemisches Produkt, sondern bildet sich durch Milchsäuregärung. Die moderne Medizin hat den Wert des Joghurts längst erkannt und benutzt ihn bei Verschreibung von Sulfonamiden als Aufbaumittel für die gestörte Darmflora. Man kann Joghurt zu den wichtigsten diätetischen Nährmitteln zählen, von dem auch wir ausgiebigen Gebrauch machen sollten.
Daß die Kaukasier Gemüse und Obst in Hülle und Fülle

zu sich nehmen, wurde bereits gesagt. Aber nochmals sei betont, daß sie das Obst nicht schälen. Sie lassen sich das darin enthaltene Vitamin D, das sich unter Sonnenbestrahlung entwickelt, nicht entgehen. Sie verzehren Äpfel und Birnen mitsamt dem Kerngehäuse, sie zerknacken die Pflaumenkerne wie Mandeln und verwenden sie ebenso. Man kann sagen, sie lassen sich aus der Vorratskammer der Natur nichts entgehen, wohingegen wir kostbare Schätze als Müll betrachten (nicht einmal als Kompost!).

Zweiter Teil
Kaukasisches Kochbuch

von Barbara Apisson

Die folgenden Rezepte sind, wenn nicht ausdrücklich anders vermerkt, für vier Personen berechnet. Sie stimmen durchweg mit den Forderungen überein, die an eine gesunde, ganz unverfälschte Kost gestellt werden müssen. Deshalb sollten sie genau befolgt werden, nicht zuletzt in bezug aufs Würzen. Es ist keineswegs eine Krankenkost, sondern alle Gerichte sind für Menschen bestimmt, die keiner besonderen Diät bedürfen. Da sie teilweise kalorienreich sind, ist es möglich, daß der eine oder andere bei dieser Ernährung zunimmt. Körperliche Bewegung ist also notwendig, denn man muß bedenken, daß die Kaukasier keine sitzende Lebensweise führen. Um der Gewichtszunahme zu begegnen, schränkt man am besten die Portionen ein, oder man schaltet ab und zu eine der kargen Mahlzeiten ein, die bei der Abmagerungsdiät (Seiten 115 bis 142) Vorschrift sind. Besonders wichtig sind in diesem Zusammenhang die Gemüse- und Getreidegerichte, da Gewichtszunahme auf mangelnder Zufuhr an Ballaststoffen beruhen kann. Man vergesse nicht: Die Mahlzeit des Kaukasiers ist stets vielfältig zusammengesetzt, nie begeht er den Fehler, sich mit einer bestimmten Speise vollzustopfen, sondern er nimmt von allem, was die reichbesetzte Tafel bietet, ein wenig. So erhält der Körper alle Stoffe, die er braucht, ohne einen Überfluß in Form von Fett zu speichern.
Es läßt sich mit einem Satz ausdrücken: Im Kaukasus wird mit Liebe gekocht.

1. Grundrezepte

Hühnerbrühe

2 große Suppenhühner
1 Tasse Kochweißwein oder 2 bis 3 Eßlöffel Essig
3 Selleriestengel mit Grün
1 mittelgroße Mohrrübe
1 mittelgroße süße Zwiebel
1 Lauchstengel mit Grün
½ Pastinakwurzel oder 1 Topinambur
1 Petersiliensträußchen
5 bis 6 Eiweiß

Mit Ausnahme der Leber, die in einem andern Gericht verwendet wird (z. B. in Fleischklößen), kommen alle Hühnerteile in den Topf, auch Magen, Herz und Füße. Die beiden Hühner läßt man, mit Wasser bedeckt, 2 Stunden lang leicht kochen. Dann fügt man Wein oder Essig hinzu. (Wein verbessert den Geschmack, aber Essig ist deshalb gut, weil er Kalzium aus den Knochen freisetzt.) Danach kommt das nach Belieben kleingeschnittene Gemüse in den Topf. Noch 1 Stunde kochen lassen. Die Hühner für Salat verwenden.
Die Brühe wird abgekühlt, bis man das Fett, das sich an der Oberfläche gefestigt hat, entfernen kann. Die Eiweiß werden mit der Gabel leicht geschlagen und in die kalte Brühe gerührt. Den Topf aufs Feuer setzen und bei geringer Hitze fortwährend umrühren. Wenn die Brühe aufzukochen beginnt, hört man mit dem Rühren auf. Jetzt ist das Eiweiß geronnen und hat alles aufgenommen, was die Brühe trübe macht. Dieser Prozeß dauert

10 Minuten. Der Topf wird vom Feuer genommen und die Brühe durch ein doppeltes Seihtuch geseiht. Man hat eine gebrauchsfertige klare Hühnerbrühe.
Die Reste im Seihtuch sollte man nicht fortwerfen. Man kann sie ohne Knochen Tieren verfüttern oder mitsamt den Knochen einem Komposthaufen beifügen.
Die Brühe wird im Kühlschrank aufbewahrt. Eine Tasse klare Hühnerbrühe enthält 30 Eiweißstoffe. Sie verleiht einem Gericht also nicht nur Wohlgeschmack, sondern führt dem Organismus auch Proteine zu.

Sülze (Aspik)

2 kg Rinds- oder Kalbsknochen oder beides zu gleichen Teilen mit etwas Fleisch daran
1 Tasse trockener Weißwein
3 Eßlöffel naturreiner Apfelweinessig
2 ganze Zwiebeln
3 Selleriestengel mit Grün
½ Petersiliensträußchen

Alle Bestandteile werden mit Wasser bedeckt und bei starker Hitze zum Kochen gebracht. Dann läßt man die Flüssigkeit bei geringer Hitze 5 Stunden lang kochen. Wenn man will, kann man Fleisch hinzufügen und noch eine Stunde kochen lassen, um einen stärkeren Extrakt zu gewinnen. Nach dem Abkühlen nimmt man die Knochen und das Fleisch heraus, seiht die Flüssigkeit durch und stellt sie kalt, damit das Fett entfernt werden kann. Danach wird die Brühe bei starker Hitze eingekocht, bis sie dickflüssig ist. Gegen den Schluß hin muß man fortwährend umrühren. Wenn sie sehr dick ist, nimmt man

den Topf vom Feuer und läßt kurze Zeit abkühlen, bevor man die Sülze in geeignete Behälter gießt. Wenn sie genügend ausgekühlt ist, stellt man sie kalt. Sie hält sich im Kühlschrank 2 Wochen lang.
Bei Gebrauch wird die Sülze wieder erhitzt.
Man sollte es sich zur Regel machen, sowohl Hühnerbrühe als auch Sülze stets auf Vorrat zu haben. Dann ist man unabhängig von den Markenartikeln, denen chemische Zusatzstoffe beigefügt sind; Fabriksülze enthält meistens glutaminsaures Natrium.

Sauce zu Fleisch

½ Tasse Sülze
½ Tasse trockener Wein

Für einen großen Braten nimmt man die doppelte Portion, zu Lamm- und Rindfleisch roten Wein, zu Kalbfleisch und Geflügel weißen. Man mischt die beiden Bestandteile und läßt sie bei mittlerer Hitze ziehen, bis die Sauce auf die Hälfte eingekocht ist. Wenn der Braten gar ist, wird die Sauce nochmals schnell erhitzt.

Fischsud

1½ l Wasser
1 Tasse Weißwein
½ gehackte große Zwiebel
1 Eßlöffel feingehackte Petersilie mit Stielen
Saft von ½ Zitrone
1 kg Schellfisch mit Gräten und sonstigem Abfall

Knochengerüst und Abfall einer Seezunge (Rest einer Mahlzeit)

Dieses Rezept ergibt 2 l Sud. Er hält sich nicht so lange wie Hühnerbrühe.
Zwiebel und Petersilie werden im Topf 2 bis 3 Minuten lang blanchiert. Dann fügt man Fisch, Gräten und alle Abfälle hinzu, zum Schluß den Zitronensaft. Ungefähr 5 Minuten lang kochen lassen, wobei der Topf ab und zu geschüttelt wird. 1½ l Wasser hinzufügen und aufkochen. Den Schaum, der sich gebildet hat, abschöpfen. Dann läßt man 15 Minuten lang weiterkochen, gießt den Weißwein hinzu und läßt nochmals eine Viertelstunde lang kochen. Der Sud wird durch ein Sieb gegeben, wobei möglichst viele Fischstückchen und Grätenpartikel durchgedrückt werden sollen. Abkühlen und kaltstellen. Die Reste im Sieb sind gut für den Kompost.

Sauce zu Fisch

1 gehackte Zwiebel
1 oder 2 Knoblauchzehen, geschält und zerdrückt
1 Selleriestengel, gehackt
2 Eßlöffel gehackte Petersilie
½ Tasse Pflanzenöl
1 Teelöffel Oregano
½ gehackte Tomate
1 Tasse Fischsud

Zwiebel, Knoblauch, Sellerie und Petersilie werden in Pflanzenöl geschwitzt. Wenn sie gar sind, fügt man Oregano (wenn keinen frischen, dann getrockneten) und

Tomate hinzu. ½ Stunde lang schmoren, mit dem Fischsud ablöschen und nochmals ½ Stunde lang kochen lassen. Man kann die Sauce nach dem Abkühlen für späteren Gebrauch im Kühlschrank aufbewahren.
Als besonders gutes Pflanzenöl empfiehlt sich je ein Drittel Saflor-, Sonnenblumen- und Maisöl. Sojaöl verwendet man nur zu bestimmten Zwecken, Erdnußöl am besten gar nicht, weil der Geschmack zu aufdringlich ist. Die genannte Ölmischung enthält viel Vitamin F. Es ist jedem freigestellt, mit Pflanzenölen ein bißchen zu experimentieren und sich nach der eigenen Vorliebe zu richten. Der Kalorienwert ist immer derselbe: 1 Eßlöffel = 100 Kalorien.

Tomatensauce

1 kg Tomaten, geschält und gehackt
1 mittelgroße grüne Pfefferschote, gehackt
1 große Zwiebel, gehackt
2 bis 3 gehackte Knoblauchzehen
½ Petersiliensträußchen, gehackt
1 zarter Selleriestengel mit Grün, feingehackt
1 Eßlöffel Vollweizenmehl
1 Teelöffel Oregano
½ Teelöffel Rosmarin
1 Teelöffel Basilikum
4 Eßlöffel Pflanzenöl
½ Teelöffel Petmez oder 1 Eßlöffel dunkler Honig
½ Tasse Weißwein
Salz und Pfeffer nach Geschmack

Alle festen Bestandteile werden 10 Minuten lang in Pflanzenöl geschmort. Dann fügt man Petmez oder Honig und Wein hinzu und rührt vorsichtig 2 bis 3 Minuten lang. Hierbei mit geringer Hitze noch ½ Stunde lang kochen lassen. Salz und Pfeffer erst zum Schluß beifügen.

Dillsauce

4 Eigelb
1 Teelöffel frischer Dill
½ Teelöffel Petmez oder 1 Teelöffel dunkler Honig
Saft von ½ Zitrone oder 1 Teelöffel Apfelweinessig
2 Teelöffel Pfeilwurzpulver (Arrowroot)
3 Tassen Hühnerbrühe oder Fischsud

Die Eigelb werden geschlagen, Dill, Petmez oder Honig, Zitronensaft oder Apfelweinessig hinzugefügt. Als Beigabe zu Gemüse wird Hühnerbrühe verwendet, als Beigabe zu Fisch oder Schalentieren Fischsud. Man gibt Pfeilwurz in die kalte Brühe, die man dann erhitzt, aber nicht aufkochen läßt. Nun gibt man die Eiermischung hinein. Vor dem Aufkochen vom Feuer nehmen. Die Dillsauce kann heiß oder kalt verwendet werden.

Tahini-Sauce

2 Eßlöffel Tahini (Sesampaste)
2 Eßlöffel Pflanzenöl
2 Eßlöffel Zitronensaft
1 zerdrückte Knoblauchzehe

Die Bestandteile werden gründlich gemischt, unter Umständen im Mixer. Tahini-Sauce reicht man zu Fisch, Schalentieren und Gemüse, vorzugsweise zu Kichererbsen. Man kann sie aber nach Belieben zu allen möglichen heißen oder kalten Speisen servieren.

Geflügelsauce

Innereien, Hals und Füße eines Truthahns
oder zweier Hühner
Hühnerbrühe
1 Tasse Rahm oder Kaffeerahm
½ Tasse Weißwein

Außer der Leber werden alle Innereien verwendet, außerdem wenn möglich Hals und Füße. Man gießt Hühnerbrühe zu, bis sie gerade bedeckt sind. Nach dem Aufkochen wird die Hitze gemäßigt. Kochen bis alles zart ist, etwa 1 Stunde lang. Das Fleisch wird von den Halsknochen gelöst und mit dem aufgeschnittenen Herzen und dem Magen in den Mixer getan. Mit der Brühe bedecken und pürieren. Im Topf fügt man die restliche Brühe hinzu und rührt den Rahm hinein. Weißwein zugießen und unter vorsichtigem Rühren 5 Minuten lang leicht kochen lassen.
Diese Sauce wird noch schmackhafter, wenn man entfetteten Geflügeljus dazugibt.

Käseteig für Aufläufe, Pasteten und Gebäck

250 g Parmesan
250 g Schaf- oder Ziegenkäse
½ Tasse Pflanzenöl
1 Tasse Vollweizenmehl
1 Ei
Prise Paprika

Dieser pikante und nahrhafte Teig ist die Leibspeise der Armenier. Er dient vielen Zwecken und kann eigentlich überall eingesetzt werden, nur nicht als Süßspeise. Er hat sehr hohen Proteingehalt, so daß er Fleisch und Fisch zu ersetzen vermag.
Der Parmesan wird gerieben, Schaf- oder Ziegenkäse zerkrümelt. Man vermengt beides, legt aber 4 bis 5 Eßlöffel auf die Seite. Das übrige wird mit dem Pflanzenöl vermischt. Man siebt das Mehl hinein und mischt alles gut durch. Der Teig wird auf Wachspapier so lange kalt gestellt, bis er fest genug zum Ausrollen ist. Er wird höchstens 1¼ Zentimeter dick ausgewalkt und aufs nicht eingefettete Kuchenblech gelegt. Für Aufläufe läßt man ihn ganz, sonst schneidet man ihn je nach Verwendung, zum Beispiel für Toastbrot, in entsprechende Stücke.
Das Ei wird mit der Gabel geschlagen und auf den Teig gepinselt. Die beiseite gelegte Käsemischung wird darüber gestreut. 20 Minuten lang im vorgeheizten Ofen bei 250 °C backen.
Der Hacktoast auf Seite 163 zeigt, wie man den Teig unter anderem verwenden kann.

Joghurt

Natürlich spart man viel Geld, wenn man Joghurt selbst herstellt. Die Utensilien sind eine einmalige Anschaffung, die Gebrauchsanweisung liegt bei. Wichtig ist, daß man als ersten Zusatz zur Milch frischen, guten Joghurt verwendet. Danach kann man lange Zeit den eigenen Joghurt zur Herstellung benützen. Will man ihn anreichern, so gibt man auf 2 l Vollmilch 8 Eßlöffel Vollrahm, dazu, aber das können sich nur schlanke Leute erlauben, die nicht zu Fettansatz neigen.

Joghurt-Sauce

½ l Vollmilch
½ l Rahm
¼ Tasse Naturjoghurt

Targhana

nennt man das Mehl aus getrocknetem Joghurt, das statt Hirse oder anderen Einlagen in Suppen Verwendung findet.

Kefir

ist ebenso gesund für die Verdauung wie Joghurt. Die gleichzeitig alkoholische und milchsaure Gärung wird von verschiedenen Hefepilzen und Bakterien bewirkt. Ursprünglich wurde Kefir im Kaukasus, in Sibirien und

Südrußland aus Stutenmilch hergestellt. Unsere Annahme, Milch müsse immer von der Kuh stammen, ist falsch. Allmählich wird jedoch neuentdeckt, daß Stuten-, Schaf- und Ziegenmilch bei manchen Krankheiten lindernd wirken. (In der Schweiz gibt es neuerdings einen Fohlenhof, wo Stuten täglich gewerbemäßig gemolken werden.)

2. Frühstück

Es ist sträflicher Leichtsinn, mit einem frugalen Frühstück vorlieb zu nehmen oder es gar auszulassen. Vom Abendessen bis zum Morgenessen bleibt der Körper über die längste Zeit des Tages ohne Nahrung. Deshalb muß er aufgeheizt und zur Energie-Erzeugung angeregt werden. Nur wenige Völker oder Stände im Westen folgen diesem Gebot. Das «Bauernfrühstück» genießt zwar aus lukullischen Gründen einen guten Ruf, aber die wenigsten wissen, daß es auf einer uralten Erkenntnis beruht.
Im Kaukasus hat man diese Erkenntnis nicht vergessen, und man bleibt der Erfahrung treu, indem man vor allem dem morgendlichen Proteinbedürfnis des Organismus Rechnung trägt. Man läßt sich auch Zeit für den Genuß dieser wichtigen Mahlzeit und verwahrt sich gegen den Streß am Tagesbeginn.
Wer aus irgendwelchen Gründen schwere Mahlzeiten meiden soll, schränkt das Essen besser am Mittag ein. Das Mittagessen wird nicht so schnell verbrannt wie das Frühstück, im Gegenteil, es kann die Verdauungsarbeit

so sehr beanspruchen, daß die berüchtigte Nachmittagsmüdigkeit auftritt. Frühstück und Abendessen sind grundsätzlich die Hauptmahlzeiten. Richtet man sich danach, so folgt man den Gebräuchen der Urjäger, die tagsüber keine Muße für eine ausgiebige Mahlzeit hatten. Auf diese Weise überlebten sie.

Wichtig ist es, sich am Morgen möglichst wenig tierisches Fett zuzuführen. Das Fleisch muß mager sein.

Der Obstsaft, der sich im Westen eingebürgert hat, ist zwar gut gemeint, verfehlt jedoch seinen Hauptzweck. Meistens ist er gesüßt, jedenfalls als Markenartikel all seiner Spurenelemente und Ballaststoffe beraubt. Frische Früchte oder selbstgemachtes Kompott aus ungeschältem Obst sind eine gute Nährstoffquelle, doch an erster Stelle stehen die Proteinlieferanten.

Vollkorngetreide und Eier sind proteinreich. Ein Eierkuchen, gefüllt mit Leber, Nieren, Kaldaunen oder Hirn, erfüllt alle Ansprüche. Man kann nach Belieben abwechseln. Auch von dem Hodenrezept (siehe Seite 211) sollte man unbedingt Gebrauch machen.

Käse gehört zu den besten Proteinlieferanten am frühen Morgen. Dazu nimmt man Vollkornbrot und ein paar schwarze oder grüne Oliven. Käsesorten gibt es für jeden Geschmack, man braucht sich nur auszusuchen, welche einem am besten mundet.

Joghurt am Morgen vertreibt Kummer und Sorgen! Er liefert nicht nur Protein, sondern auch Kalzium. (Von den gezuckerten, mit Fruchtgeschmack behandelten Fabriksorten lasse man die Finger!) Möchte man den säuerlichen Geschmack überdecken, so kann man dem Naturjoghurt gut und gern eingeweichte Dörrfrüchte oder frisches Obst beifügen.

Ein Pudding aus Milch, Eiern und Labpulver, von den

Kaukasiern *Saleb* genannt, ist ebenfalls eine gute Morgenspeise, die man schon tags zuvor zubereiten kann.
Der Zusammenstellung des Frühstücks sind keine Grenzen gesetzt, sofern die folgenden Bedingungen erfüllt werden: Ausgiebige Proteinzufuhr, nur Vollkorngetreide, keine industriell hergestellten Nahrungsmittel. Und man merke sich: Nie werden die Kalorien so schnell verbrannt wie am Morgen, da der Körper sie nach der Nachtruhe dringend benötigt.

Käseteig mit Gehacktem

Ein ideales Frühstücksgericht, dessen Proteingehalt nichts zu wünschen übrigläßt und das den Gaumen erfreut. Tierisches Fett ist auf ein Mindestmaß verringert; sowohl der «Teig» als auch der Belag liefern fast alle benötigten Nährstoffe. Man kann die Bestandteile tags zuvor herstellen und braucht die Scheiben am Morgen nur noch zu backen.
Der Käseteig (siehe Seite 159) wird ausgewalkt und in Toastscheiben geschnitten.

Der Belag besteht aus
1 Hammelniere
1 Eßlöffel Kalbsniere
3 Eßlöffel Rinder-, Hühner-, Hammel- oder Schweineleber
2 Eßlöffel Kalbsherz
oder aus gleichviel Rindfleischtatar
1 Knoblauchzehe
½ Pfefferschote
1 mittelgroße Zwiebel oder Schalotte

1 mittelgroße Tomate
1 Teelöffel Basilikum
1 Eßlöffel Joghurt
½ Teelöffel Paprika

Die Fleischteile — außer dem als Ersatz dienenden mageren Tatar — werden durch den Wolf gedreht und mit den Händen tüchtig vermengt. Knoblauch, Zwiebel, Pfefferschote und Tomate werden feingehackt und ebenfalls vermengt. Dann fügt man den Joghurt hinzu und vermischt alles mit Fleisch, Basilikum und Paprika. Nach Geschmack salzen und pfeffern, möglichst wenig, weil der Käseteig pikant ist.
Diese Mischung wird gleichmäßig auf die Toastscheiben aufgetragen. Im vorgeheizten Ofen bei 250 °C 20 Minuten lang backen und heiß servieren.
Man kann das Gericht auch als Horsd'oeuvres oder als Imbiß reichen. Fernsehgäste werden es allen Süßigkeiten vorziehen.

Omelette mit Tarama

6 Eier
2 Eßlöffel heißes Wasser
etwas Butter
1 Eßlöffel feingehackter Schnittlauch
2 Eßlöffel Tarama (Rogen)
2 Eßlöffel Joghurt

Eigelb und Eiweiß werden getrennt. Man schlägt die Eigelb und fügt das heiße Wasser hinzu, wenn die Farbe hell ist. Das Eiweiß wird steif geschlagen und unter die

Eigelb gezogen. Die Omelette wird in der mit Butter eingefetteten Pfanne auf niedriger Flamme gebacken, bis sie aufgeht. Dann läßt man sie unter dem Grill auf der Oberseite bräunen. Schnittlauch, Rogen und Joghurt werden vermengt. Diese Mischung kommt auf die eine Hälfte der Omelette. Die andere Hälfte wird darüber gefaltet und im Ofen gebräunt.

Omelette mit Tomate

6 Eier
2 Eßlöffel heißes Wasser
etwas Butter
4 mittelgroße Tomaten, geschält und gehackt
1 Eßlöffel gehackte Petersilie
1 Teelöffel Pflanzenöl
Prise Salz und Pfeffer

Die Omelette wird wie im vorhergehenden Rezept zubereitet.
Tomaten und Petersilie schmort man in Pflanzenöl, bis sie gar und eingedickt sind. Die Omelette wird auf dieselbe Weise damit gefüllt, wie im vorstehenden Rezept angegeben.
Schnelle Zubereitung für eine Person: Man schmort 1 geschälte, zerzupfte Tomate in Pflanzenöl gar. 1 Ei schlagen, ½ Teelöffel gehackte Petersilie hinzufügen, nach Geschmack salzen und pfeffern. Das geschlagene Ei kommt auf die geschmorte Tomate. Die Pfanne zudecken und auf niedriger Flamme 3 bis 5 Minuten backen lassen. In beiden Fällen kann man dem Tomatenbrei etwas gehackte grüne Pfefferschote beigeben.

Hafergrütze mit Joghurt

2 Tassen Naturjoghurt
1 Ei
1 Eßlöffel Vollkornweizenmehl
½ Tasse Haferflocken

Ein vortrefflicher Frühstücksbrei. Wasser und präparierte Instant-Haferflocken dürfen dafür nicht verwendet werden. Joghurt, Ei und Weizenmehl werden gut gemischt und bei geringer Hitze zum Kochen gebracht. Dann fügt man die Haferflocken hinzu und läßt die Grütze fünf Minuten lang auf kleiner Flamme kochen, wobei man ab und zu umrührt.
Man kann diese Grütze mit Butter anreichern, vor allem mit 1 bis 2 Teelöffeln Kleie und/oder 1 Teelöffel rohen Weizenkeimen.

Hirsegrütze mit Joghurt

½ l Milch
½ Tasse Vollkornhirse
Joghurt nach Belieben

Die Hirse wird 15 Minuten lang mit der Milch gekocht, möglichst im Wasserbad, sonst auf kleiner Flamme. Man kann die Grütze schon tags zuvor kochen und wärmt sie dann am Morgen auf, wobei nach Bedarf Milch zugesetzt wird. Anstatt die Grütze mit Butter zu bepinseln, häuft man besser Joghurt darauf.

Mehlgrütze

½ Tasse feingeschrotetes Vollkornweizenmehl
½ l Hühnerbrühe

Man kocht das Mehl ½ Stunde lang in Hühnerbrühe und würzt die Grütze nach Geschmack. Dieser Brei kann tags zuvor zubereitet und dann aufgewärmt werden.

Tomate mit Setzei und Sardine

1 große Tomate
4 Eier
1 Eßlöffel Pflanzenöl
120 g Sardinen
Petersilie zur Garnitur

Wieder ein ungewohntes Frühstücksgericht mit hohem Proteingehalt. Die Tomate wird in 4 dicke Scheiben geschnitten, die man in eine feuerfeste Form legt. Die Eier werden sorgfältig darauf geschlagen. Man beträufelt jedes mit Öl und legt eine Sardine darauf. Man brät sie 20 Minuten lang bei 250 °C unter dem Grill.

Setzeier mit Käse

250 g Weichkäse
8 Eier
½ Teelöffel Paprika
½ Teelöffel Kümmel
½ Tasse Joghurt

Die Kaukasier verwenden Schaf- oder Ziegenkäse. Die Hälfte des Käses wird in Scheiben geschnitten, die andere Hälfte zerkrümelt oder gerieben.
Man bedeckt den Boden einer feuerfesten Form mit den Käsescheiben. Paprika und Kümmel werden mit der Hälfte des Joghurts vermischt. Diese Mischung streicht man gleichmäßig auf die Käsescheiben. Darüber zerbricht man sorgfältig die Eier. Zuoberst kommt eine Lage des zerkrümelten oder geriebenen Käses und des restlichen Joghurts. Im vorgeheizten Ofen 15 Minuten lang bei 250 °C im Ofen backen (bis der Käse geschmolzen ist und die Eier durchgebacken sind). Die Speise kann ein wenig bräunen, aber man darf sie nicht verbrennen lassen. Sofort auftragen.

Ein nahrhaftes Frühstück besteht aus Früchten, Grützen, Eiern, Käse und Fleisch. Wenn es zeitlich nicht möglich ist, jeden Morgen eine gehaltvolle Speise zuzubereiten, sollte man das Vollkornbrot wenigstens mit Käse, Sardine oder Wurst belegen. Das Brot darf nicht geröstet werden, weil dadurch wertvolle Nährwerte zerstört werden. Wer sich darüber klar ist, welche lebenswichtigen Nährstoffe dem Körper gerade am Morgen zugeführt werden müssen, dem wird es kaum schwerfallen, es den Kaukasiern gleichzutun.

3. Mittagessen

Das Mittagessen, von vielen, vielen Menschen heutzutage hastig, sozusagen im Stehen eingenommen, trägt auch seinen Teil zur Fehlernährung bei. Es sollte zwar, wie bereits gesagt wurde, eine leichte Mahlzeit sein, um so mehr aber eine gehaltvolle und nahrhafte. Das schlimmste Unrecht tun diejenigen ihrem Körper an, welche die Mittagspause als Gelegenheit fürs Vertilgen von Süßigkeiten betrachten, vielleicht weil sie an das Märchen glauben, Zucker stärke die Nerven. Ein zuckersüßer Obstsalat aus der Büchse mit Schlagrahm oder ein hochgetürmter Eiscremebecher sind keine gute Ernährung. Weitaus förderlicher wäre eine Portion Quark auf Salatgrün (das mitgegessen wird) und dazu eine Scheibe Vollkornbrot, leicht mit Butter bestrichen, frisches Obst und Joghurt oder Buttermilch.

Aber auch das nicht etwa Tag für Tag. Wie das Frühstück muß das Mittagessen Abwechslung bringen. Unter richtiger Ernährung ist Ausgewogenheit zu verstehen, die mit Gleichförmigkeit gewiß nicht erzielt wird. In früherer Zeit hat man einem zum Tode verurteilten Verbrecher Tag für Tag Gänsebraten vorgesetzt, bis er an Unterernährung starb. Einem langsamen Sterben kommt es gleich, wenn der Mensch täglich dasselbe ißt; es mangeln ihm wichtige Nährstoffe, und er erkrankt an diesem oder jenem Leiden. Mit einem Wort, Kurzlebigkeit kann von eintöniger, einseitiger Ernährung herrühren.

Wollte man es dramatisch ausdrücken, so bedeutet der «Hamburger», der sich mehr und mehr allenthalben durchsetzt, den Untergang der Menschheit. Er ist neben dem lächerlichen «Hot Dog» eine Industrieware, wie sie im Buche steht. Er kommt buchstäblich vom Fließband: Eine Maschine schneidet das weiche Pappbrötchen auf, dann legt eine Maschine nach der andern eine dünne Frikadelle — was mag sie enthalten? —, eine Tomaten- oder Gurkenscheibe und vielleicht sogar ein Salatblatt darauf, und die letzte Maschine klappt das Brötchen zu. Freilich, in allen Hamburger-Riesenkonzernen geht es dabei sehr hygienisch zu, denn keiner könnte sich in Anbetracht des Konkurrenzkampfes eine nachweisbare Vergiftung leisten, und was von der millionenfachen Tagesproduktion keinen Absatz gefunden hat, das wird weggeworfen.

Gegen ein mittägliches Sandwich wäre nichts einzuwenden, wenn es bestimmte Bedingungen erfüllte. Unter den bestehenden Umständen muß es hausgemacht sein. Man sollte sich die Schweden zum Vorbild nehmen. Ihr berühmtes «Smørgåsbord», eigentlich eine Vorspeise, die jedoch sowohl zu Hause als auch in der Betriebskantine als Mittagessen dient, besteht aus drei belegten Broten: Zuerst ißt man ein Brot mit Fisch, dann mit kaltem Fleisch, zuletzt mit Käse. Es wird nie Kastenbrot verwendet; allerdings kommen Gemüse und Obst im allgemeinen zu kurz. Aber die Schweden haben nicht von ungefähr das Knäckebrot erfunden, das aus Vollkornroggen gebacken ist. Das «Smørgåsbord» mit zusätzlichem gemischtem Salat und einer Frucht im Frischhaltebeutel kann man ebensogut wie den «Hamburger» am Arbeitsplatz oder auf einer Bank in der Grünanlage verzehren. Man hat etwas Arbeit damit, braucht aber andererseits nicht Schlange zu stehen. Der gehetzte Zeitkalkulierer mag einmal rechnen: Auf der einen Seite die Zeit, die Beschaffung und Zubereitung der Lebensmittel erfordern, auf der anderen Arztbesuche und Krankenhausaufenthalte. Auf der einen Seite Gesundheit durch ausgewogene Ernährung, auf der anderen körperliche Beschwerden.

Zu Hause geben nahrhafte Suppen ein leichtverdauliches Mittagessen ab. Der Abwechslung sind kaum

Grenzen gesetzt, und wer sich auf richtige Zusammenstellungen versteht, kann seine Erfindungsgabe walten lassen, sofern er vom Nährwert der Bestandteile ausgeht.
Man sollte das Mittagessen niemals auslassen, ebensowenig wie eine andere Mahlzeit. Wenn der Körper auch einer geringeren Aufheizung als am Morgen bedarf, so hat er doch im Lauf des Vormittags Energie verbraucht, die ihm wiedergegeben werden muß. Das ist ein biologisches Grundgesetz, sogar für den untätigen Menschen. Das Auslassen der leichten Mittagsmahlzeit hat auch meistens zur Folge, daß man im weiteren Tagesverlauf gern zu einer «Stärkung» greift, die gewöhnlich aus Schokolade, Gebäck oder Kuchen besteht, jedenfalls fast immer aus einem industriellen Nahrungsmittel, so daß die Ernährung noch unausgewogener wird.
Die folgenden Rezepte sind unter der Rubrik «Abendessen» aufgeführt, aber man kann das eine oder andere leichte Gericht ebensogut in der Mittagspause einnehmen. Bei der Zubereitung fürs Abendessen ist in Betracht zu ziehen, daß manche Reste fürs Mittagessen verwendbar sind, namentlich Fleisch und andere Proteinträger. Im Gegensatz zum Mittagessen darf das Abendessen ausgiebig, sogar üppig sein.

4. Abendessen

Das Abendessen besteht aus mehreren Gerichten, die nicht nur Abwechslung bringen, sondern einander auch in bezug auf den Nährwert ergänzen. Eintönige Abend-

mahlzeiten werden Bedürfnissen des menschlichen Organismus nicht gerecht.
Es gibt verhältnismäßig viele Leute, die sich am Abend mit einem Becher Joghurt oder einer Frucht begnügen und glauben, ihrer Gesundheit damit gedient zu haben. Weit gefehlt, wie jeder wissen dürfte, der sich über die Verwertung der Nahrung klar geworden ist. Gewiß, ein Becher Joghurt, eine Frucht oder ein Stückchen Käse ist für aktive Menschen als Zwischenmahlzeit am Vor- oder Nachmittag durchaus empfehlenswert — unerläßlich ist sogar ein ungezuckertes Getränk —, aber vor der langen Nachtruhe brauchen Magen und Darm Zufuhr, um zu arbeiten und die Körperzellen weiter zu beliefern. Das heißt allerdings nicht, man solle sich am Abend über den Sättigungsgrad hinaus mit allen guten Dingen vollstopfen, sondern nach dem Beispiel der Kaukasier begnügt man sich mit kleinen Portionen. Von vielem ein wenig, so lautet die Devise.

Käsegebäck (Käse-Beureks)

Teig:
1 Ei
2 Eßlöffel Joghurt
½ Teelöffel Salz
2 Eßlöffel Safloröl
2½ Tassen Vollkornmehl
1 Tasse Pfeilwurzmehl
Füllung für 12 Stück:
½ Tasse Butter
½ Tasse Safloröl
1 Ei

1 Teelöffel gehackte Petersilie
120 g Münsterkäse
60 g Emmentaler Käse
60 g Schaf- oder Ziegenkäse
60 g Weichkäse

Die Bestandteile des Teigs werden in einer Schüssel mit den Händen rasch gerieben. Man gießt etwa 6 Eßlöffel Wasser darüber und formt die Masse mit Löffel oder Gabel zu einer Kugel. Tisch oder Nudelbrett werden mit Pfeilwurzmehl bestreut, der Teig darauf gelegt und einige Male leicht geknetet. Hierauf formt man 12 gleichgroße Kugeln, die man leicht mit Pfeilwurzmehl bestreut. Man läßt sie, mit einem feuchten Küchentuch bedeckt, 20 Minuten lang an einem kühlen Ort stehen.
Auch beim Auswalken verwendet man zum Bestäuben Pfeilwurzmehl. Der Teig wird möglichst dünn ausgerollt und in kleine Quadrate zerschnitten. Für 4 Personen rechnet man 12 Stück; den Rest des Teigs kann man für späteren Gebrauch im Kühlschrank eine Woche lang aufbewahren.
Die Teigstücke, die gebacken werden sollen, setzt man auf Pergamentpapier. Sie werden mit dem Gemisch aus zerlassener Butter und Saflöröl leicht bestrichen. Die übrige Fettmischung außer einem Rest vermengt man mit dem geschlagenen Ei, der Petersilie und den geriebenen und zerkrümelten Käsesorten. Auf jedes Teigstück kommt 1 gehäufter Eßlöffel Käsemischung. Man kann den Käse nach Belieben einpacken, besonders hübsch sieht die Kuvertform aus. Der dünne Teig läßt sich leicht falten.
Die Käse-Beureks werden aufs Backblech gesetzt und oben mit der Butter-Öl-Mischung bestrichen. Man bäckt

sie im Ofen bei 250 °C 20 Minuten lang und läßt sie danach unter dem Grill leicht bräunen. Sie müssen sofort aufgetragen werden, denn wenn sie auskühlen, wird der Käse gummiartig und verliert den Geschmack.

Hülsenfrüchte-Suppe mit Tahini

1 Tasse Linsen
½ Tasse Sojabohnen
½ Tasse Kichererbsen
4 Tassen Hühnerbrühe
4 Tassen Wasser
1 Mohrrübe, zerschnitten
2 Selleriestengel, zerschnitten
1 Eßlöffel gehackte grüne Pfefferschote
1 große Zwiebel, feingehackt
3 Eßlöffel Butter
2 Teelöffel Basilikum
3 Eßlöffel gehackte Petersilie
2 Eßlöffel Tahini (Sesamsamen)

Sojabohnen und Erbsen werden über Nacht eingeweicht. Um der Mineralstoffe willen verwendet man 4 Tassen des Einweichwassers. Darin sowie in der Hühnerbrühe werden die Linsen, Erbsen und Sojabohnen 1 Stunde lang gekocht, unter Umständen länger, bis sie gar sind. Die zerschnittenen Selleriestengel mitsamt der Mohrrübe und Pfefferschote werden beigefügt. Die feingehackte Zwiebel schwitzt man zusammen mit Basilikum, Petersilie und Sesamsamen goldbraun. Das dauert etwa 5 Minuten. Man gibt sie zur Suppe, die sofort aufgetragen wird.

Joghurt-Suppe (Tanabaur)

3 Tassen Hühnerbrühe
½ Tasse Hirsemehl
1 Ei
3 Tassen Joghurt
1 Teelöffel Vollkornweizenmehl
½ Tasse gehackte Zwiebeln
3 gestrichene Teelöffel Butter oder 3 Eßlöffel Pflanzenöl
1 Eßlöffel Basilikum

Man läßt das Hirsemehl in der aufgewärmten Hühnerbrühe 15 bis 20 Minuten kochen. Das Ei wird mit dem Joghurt verschlagen, das Mehl dazugegeben und über kleinem Feuer verrührt. Man rührt so lange, bis die Mischung aufkocht, und fügt sie im selben Augenblick der kochenden Hirsesuppe bei. Die gehackte Zwiebel wird in Butter gebräunt und mit dem Basilikum zusammen in die Suppe gegeben. Heiß auftragen.
Zur Abwechslung kann man statt der Hirse Haferflokken oder Vollkornnudeln nehmen.

Joghurt-Suppe mit Mandeln

3 Tassen Hühnerbrühe
2 Eßlöffel Butter
1 Eßlöffel Hirsemehl
Prise gemahlene Nelke
Prise gemahlene Muskatblüte
1 Tasse ganz feingehackte Mandeln
etwas Thymian
1 Knoblauchzehe

1 Teelöffel Paprika
¼ Teelöffel Kümmel
Prise Cayennepfeffer
1 Tasse Joghurt
1 Eßlöffel Sherry

Die zerlassene Butter wird mit der Hirse verrührt und in die aufgewärmte Hühnerbrühe gegeben. Alle trockenen Bestandteile außer dem Cayennepfeffer werden vermischt. Den Joghurt pfeffern und zusammen mit dem Sherry erst kurz vor dem Auftragen der Suppe beifügen. Diese Suppe ist in ungefähr ½ Stunde servierbereit.
Auch bei der Joghurt-Mandel-Suppe kann das Hirsemehl durch dasselbe Quantum Haferflocken oder Nudeln (aus Vollkornweizen) ersetzt werden.

Gemüsesuppe

1 mittelgroße Sellerieknolle
1 große Petersilienwurzel
1 große Zwiebel
2 Eßlöffel gehackte Petersilie mit Stielen
2 Knoblauchzehen
2 Stangensellerie mit Grün
2 Lorbeerblätter
1 Teelöffel Rosmarin
1 große Kartoffel
½ Teelöffel Fenchelsamen

Alle Bestandteile werden grobgehackt und im Kochtopf mit Wasser bedeckt. Man läßt die Suppe 1 Stunde kochen und drückt sie durch ein Sieb. Heiß auftragen.

Erbsensuppe

2 Tassen Hühnerbrühe
250 g getrocknete halbe Erbsen
1 Eßlöffel gehackte Petersilie
2 Tassen Vollmilch
2 Eßlöffel Tomatenpüree
1 Eßlöffel Sojamehl
1 Teelöffel Basilikum
ein wenig geriebene Muskatnuß

Erbsen und Petersilie werden 1 Stunde lang in Hühnerbrühe gekocht. Dann fügt man die Vollmilch sowie die übrigen Bestandteile hinzu, läßt 12 Minuten lang weiterkochen und trägt die Suppe auf. Wird eine ganz dicke Erbsensuppe gewünscht, so gibt man gleich zu Anfang 1 Tasse Sülze in die Hühnerbrühe.

Gemüsesuppe mit Markknochen

2 Rindermarkknochen, für Suppe zerhackt
1½ kg Kalbshaxen
2 Eßlöffel Pflanzenöl
2 Knoblauchzehen
1 große gehackte Zwiebel
2 Selleriestengel mit Grün, geschnitten
1 mittelgroße Mohrrübe, geschnitten
2 große gehackte Tomaten
3 Tassen Hühnerbrühe
3 Tassen Wasser
2 Lorbeerblätter
Pfeffer nach Geschmack

Die Knochen und Haxen werden auf allen Seiten in Öl leicht gebräunt, dann fügt man Zwiebel und Knoblauch hinzu. ½ Stunde lang schmoren lassen. Man löscht mit kaltem Wasser und Hühnerbrühe ab und fügt das Gemüse hinzu. Zum Kochen bringen, nach Geschmack Pfeffer hinzufügen (Sellerie enthält genügend Salz), ferner höchstens 2 Lorbeerblätter, dann 2 Stunden lang leise kochen lassen. Wenn an den Knochen viel Fleisch ist, ergibt die Suppe eine ganze Mahlzeit.

Partabaur (Kuttelsuppe) für acht Personen

½ kg Lamm- oder Kalbskaldaunen (Kutteln)
2 Lorbeerblätter
3 l Wasser
1 zerhackter Kalbsknochen
2 l Hühnerbrühe
2 Tassen gehackter Sellerie
1 Tasse gehackte Zwiebel
½ Tasse trockener Weißwein
½ Tasse Hirsemehl
1 Tasse gehackter Lauch
Salz und Pfeffer oder etwas Tabascosauce

Partabaur muß man kennen, um diese Suppe ebenso zu lieben wie die Armenier. Sie hat den Vorzug, vollgepackt mit Nährstoffen zu sein.
Die Kaldaunen werden 1 Stunde lang mitsamt den Lorbeerblättern gekocht. Das Wasser wird weggegossen, der Lorbeer nicht weiter verwendet. Man zerschneidet die Kutteln und dreht sie durch den Fleischwolf.
Während die Kutteln kochen, läßt man den Kalbskno-

chen in 2 l Hühnerbrühe mit Sellerie, Zwiebel und Wein zusammen ½ Stunde lang kochen. Die zermahlenen Kutteln fügt man hinzu und läßt die Suppe noch ½ Stunde lang ziehen. Dann kommt das Hirsemehl hinzu, und alles kocht weitere 20 Minuten. Nachdem man den Lauch beigegeben und die Suppe gewürzt hat, noch 10 Minuten lang köcheln lassen.
Den Rest der Kuttelsuppe kann man einige Tage lang im Kühlschrank aufbewahren und bei Gebrauch aufwärmen.

5. Salate

Krabbensalat

½ kg gekochte Krabben
1 Eßlöffel Tarama (Rogen)
1 Eßlöffel geriebener Meerrettich
1½ Tassen Joghurt
Tabascosauce
12 entkernte, feingehackte schwarze Oliven
2 Eßlöffel Pflanzenöl
4 Salatblätter

Den vermischten Bestandteilen werden die Krabben beigefügt. Man richtet die Portionen auf frischen Kopfsalatblättern an. Kalt servieren.

Gefüllte Artischocken

4 große Artischocken
Saft von 1 Zitrone
abgeriebene Zitronenschale
1 Knoblauchzehe
½ Tasse Weißwein
1 Eßlöffel Pflanzenöl
1 hartgekochtes Ei
6 entkernte grüne Oliven
4 Sardellen
6 Kapern
1 Eßlöffel geriebene Zwiebel
2 Eßlöffel Joghurt
Prise Paprika
Salatblätter

Die Artischocken werden mit Wasser bedeckt und zusammen mit Zitronensaft, der abgeriebenen Schale einer halben Zitrone und der leicht zerdrückten Knoblauchzehe gekocht. Sie sind gar, wenn sich die äußersten Blätter mühelos abzupfen lassen. Man kann etwa ½ Stunde Kochzeit rechnen.
Nach dem Abkühlen werden die Stiele weggeschnitten und geschält. Dann drückt man die Blätter der Artischocken so hinunter, daß eine Schale entsteht. Mit der Schere schneidet man die rötlichen Blattspitzen weg. Vorsichtig entfernt man die inneren Blättchen und die federförmigen Pappushaare. Die fleischigen Teile und der Boden sollten möglichst nicht verletzt werden.
Um die Füllung herzustellen, hackt und mischt man Ei, Oliven, Sardellen, Kapern und die Stiele der Artischokken. Die Mischung wird mit Zwiebel und Joghurt gut

verrührt und in die Artischocken gefüllt. Mit Paprika bestreuen, kaltstellen und auf Kopfsalatblättern anrichten.

Eine andere Füllung besteht aus:
4 Eßlöffel Tarama (Rogen)
4 Eßlöffel Joghurt
Saft von 1 Zitrone
2 Eßlöffel geriebene Zwiebel

Kaukasischer Salat mit Rogen

1 Tasse Tarama (Rogen)
2 große süße Zwiebelscheiben
Saft von 1 Zitrone
½ Tasse feinzerkrümeltes Vollkornweizenbrot
1 Tasse Pflanzenöl
2 Eßlöffel Petersilie
Tomatenscheiben
frische Kräuter nach Geschmack
Kopfsalatblätter

Man mischt Rogen, Zwiebel, Zitronensaft, Brotkrumen und die Hälfte des Öls. Wenn alles gut vermengt ist, gießt man langsam die andere Hälfte des Öls zu, wobei man fortwährend rührt, bis die Mischung die Konsistenz dicker saurer Sahne hat. (Man kann zum Vermengen den Mixer benutzen.)
Bevor man die Mischung auf Kopfsalatblättern anrichtet, zieht man mit dem Löffel gehackte Petersilie oder andere Kräuter darunter. Die Tomatenscheiben werden nach dem Anrichten obendrauf gelegt.

Avocado-Salat

2 Avocados, entkernt und in Scheiben geschnitten
1 Eßlöffel gehackte Zwiebel
2 Eßlöffel Tarama (Rogen)
½ Tasse Joghurt
4 hartgekochte Eier
Petersilienzweiglein
Schnittlauch
Pfeffer
Kräuter nach Geschmack
Salatblätter

Zwiebel, Joghurt und Rogen werden von Hand oder im Mixer vermengt. Das Kopfsalatblätterbett wird ausgelegt. Abwechselnd kommen darauf Avocado- und Eierscheiben. Darüber gießt man die Mischung und garniert mit Petersilie, Schnittlauch oder zur Abwechslung mit anderen Kräutern. Man kann den Salat leicht pfeffern.

Sauerkraut-Salat

1 Tasse Sauerkraut
250 g Quark
Salatblätter
Handvoll Brunnenkresse
etwas Paprika

Das rohe Sauerkraut wird feingehackt und mit dem Quark gut gemischt. Man häuft die Mischung mit dem Löffel auf Kopfsalatblätter, garniert sie mit Brunnenkresse und streut ein wenig Paprika darauf. Dieser gesunde Salat ist eine gute Beigabe zu einem üppigen Essen.

Gemüse-Fisch-Salat

½ Tasse Selleriewürfel
½ Tasse Mohrrübenwürfel
½ Tasse gehackte Petersilie
1 Knoblauchzehe
2 Tassen Wasser
oder Wasser und Fischsud
1 große Felche oder Fischreste
Saft von 1 Zitrone
½ Tasse Tomatenwürfel
½ Tasse Pflanzenöl

Sellerie, Mohrrübe, Petersilie und Knoblauch werden knackig gekocht. Der gegrillte, abgekühlte Fisch (oder Reste) wird zerzupft und in die Mitte eines Salatbettes gelegt.
Ringsum ordnet man das gekochte Gemüse an. Der Zitronensaft wird über die Fischteile gegossen, und darauf legt man die in Öl geschmorten Tomatenwürfel.

Bohnensalat

½ kg grüne Bohnen
1 Knoblauchzehe
1 feingeschnittene kleine Zwiebel
1 Eßlöffel Apfelweinessig
2 Eßlöffel Pflanzenöl

etwas Salz und Pfeffer
Kräuter nach Geschmack
Salatblätter

Die geputzten Bohnen werden mit Bohnenkraut knackig gekocht oder mit leicht zerdrücktem Knoblauch gedämpft. Sie sollten nicht zu weich werden. Nach dem Abgießen gibt man ihnen Zwiebel, Essig und Öl bei. Erst wenn sie ausgekühlt sind, werden sie gesalzen und gepfeffert und auf Kopfsalatblätter gelegt. Man kann nach Belieben Kräuter hineinmischen.
Bohnensalat ist nicht nur eine gute Beigabe zum Essen, sondern er eignet sich auch als Imbiß zwischen den Mahlzeiten (statt Süßigkeiten!).

Käsesalat

250 g grobgeriebener Hartkäse (nach Wahl)
4 hartgekochte Eier, zerdrückt oder gerieben
1 Tasse Joghurt
1 Eßlöffel geriebener Meerrettich
½ Teelöffel Kümmel
grüne Salatpflanzen (Endivien, Kopfsalat, Spinat, junger Löwenzahn, auch Broccoli, Zucchetti usw.)

Käse und Eier werden gut gemischt, dann mit Kümmel und Meerrettich unter den Joghurt gezogen. Zusammen mit den Salatpflanzen wird alles in der Anrichteschüssel vorsichtig vermengt. Man kann Pfeffer und Kräuter nach Geschmack hinzufügen.

Ziegenkäsesalat

½ Tasse zerkrümelter Ziegenkäse
1 Tasse Pflanzenöl
1 pürierte Zitrone
2 Tassen feingeschnittene süße Zwiebel
½ Tasse Dill
1 Teelöffel gehacktes Basilikum
1 Teelöffel gehackter Schnittlauch
Kräuter nach Geschmack
auch wahlweise grüne Salatpflanzen

Bei der Auswahl von Kräutern, deren Zusammenstellung nicht unbedingt nach Geschmacksregeln erfolgt, sollte man den Nährstoffgehalt berücksichtigen. Es ist also gut, wenn man sich den Inhalt des entsprechenden Kapitels (Seite 113/114) einprägt.
Man vermischt Öl und Zitronenpüree, rührt den zerkrümelten Käse hinein und gießt diese Mischung über die Zwiebeln. Die Salatpflanzen können als Unterlage dienen oder gehackt in die Mischung gemengt werden. Ein Salat, mit dem sich experimentieren läßt.

Melonen-Quark-Salat

½ kg Quark oder Hüttenkäse
1 mittelgroße Melone
1 Tasse Ananas, zerdrückt
(wenn aus der Büchse, ungezuckert)
½ Tasse gehackte Pekannüsse
oder andere Nüsse
3 Stückchen feingehackter Ingwer

Salatblätter
2 Tassen Joghurt

Die Melone wird am einen Ende gerade so weit geöffnet, daß man die Kerne mit dem Löffel herausholen kann. Dann schält man die Frucht und füllt sie mit der Mischung aus Quark, Ananas, Ingwer und Nüssen. Die gefüllte Melone wird 2 bis 3 Stunden in den Kühlschrank gestellt. Man schneidet sie in vier gleiche Teile und kann, wenn man will, jede Portion mit ½ Tasse Joghurt krönen. Auf Salatblättern anrichten.
Wenn man rings um jede Portion frische Früchte legt, wird aus diesem Salat sogar ein Hauptgericht.

Hühnersalat mit Walnüssen

2 gekochte Suppenhühner
½ Tasse Walnüsse, zerbrochen, nicht gehackt
1 Tasse Selleriewürfel
2 Eßlöffel gehackter Spinat
3 feingehackte Sardellen
½ Tasse gehackte Brunnenkresse
1 Eßlöffel Kapern
1 gehackte kleine Zwiebel
1 Tasse Joghurt
1 Eßlöffel Pflanzenöl
2 Eßlöffel Apfelweinessig
Salatblätter

Für diesen köstlichen Salat lassen sich die Suppenhühner, aus denen man Hühnerbrühe hergestellt hat, gut verwenden. Das Fleisch wird würflig geschnitten. Die

Walnüsse sollten frischgeerntet sein, also noch grün. Getrocknete Walnüsse enthalten nicht annähernd so viele Nährstoffe.
Man mischt zuerst Hühnerfleisch, Sellerie und Walnüsse. Dann werden die übrigen Zutaten außer Öl und Essig beigemengt, bis der Joghurt grünlich geworden ist. Zum Schluß mit Öl und Essig anmachen. Die Portionen werden auf Salatblättern angerichtet. Ein solch nahrhafter Salat ist natürlich keine Beigabe, sondern ein Gericht für sich.

6. Gemüsegerichte

Spinat mit Vollkornmehl

½ kg Spinat
1 Tasse Milch
1 Knoblauchzehe
1 gehackte mittelgroße Zwiebel
2 Eßlöffel Pflanzenöl
2 Eßlöffel Butter
1 Eßlöffel Vollkornmehl
¼ Tasse Joghurt
¼ Tasse Hühnerbrühe
Prise geriebene Muskatnuß
Salz und Pfeffer nach Geschmack

Man läßt den sauberen Spinat zusammen mit der Knoblauchzehe in der erhitzten Milch kochen, bis er gar ist. Dann nimmt man ihn zum Abtropfen heraus. Derweil brät man die Zwiebel mit dem Mehl zusammen in Butter und Öl goldbraun. Mit Hühnerbrühe ablöschen und den Joghurt hinzufügen. Damit der Joghurt nicht gerinnt, muß man umrühren. Der gehackte Spinat wird hinzugefügt, das Gericht mit Muskatnuß, Salz und Pfeffer gewürzt. Kurz durchziehen lassen und heiß auftragen.

Spinat mit Reis

½ kg Spinat
1 gehackte mittelgroße Zwiebel
1 Eßlöffel Pflanzenöl
2 Eßlöffel Butter
½ Tasse unpolierter Reis
etwas Salz und Pfeffer
3 Eßlöffel ungezuckerter Granatapfelsaft

Der Reis wird in leichtgesalzenem Wasser gargekocht. Man schwitzt die Zwiebel in Öl und Butter, bis sie goldbraun ist. Dann fügt man den feingehackten Spinat bei und mischt als nächstes den Reis hinzu. Gut umrühren. Als letztes wird der Granatapfelsaft beigefügt. Zugedeckt 10 Minuten lang köcheln lassen, mit ein wenig Pfeffer würzen und heiß anrichten.

Mohrrüben auf kaukasische Art

4 mittelgroße Mohrrüben
¼ Tasse Milch
1 Eßlöffel Pflanzenöl
1 Eßlöffel Butter

1 Eßlöffel Vollkornmehl
1 Eßlöffel gehackte Petersilie
Salz nach Geschmack

Die saubergeschrubbten Mohrrüben werden längs zerschnitten, die Streifen in kurze Stücke geteilt. Man läßt sie in der erhitzten Milch 10 Minuten lang kochen. Mehl und Petersilie werden der erhitzten Fettmischung beigefügt. Wenn die Milch eingekocht ist, gießt man die Mehlsauce über die Mohrrüben, läßt alles noch 5 Minuten lang köcheln, salzt ein wenig und serviert. Man kann dem Mohrrübengericht zarte grüne Erbsen beigeben.

Weißkohl (Kappes oder Kabis)

1 kg Weißkohl, sehr fein gehackt
1 Tasse Milch
1 Teelöffel Kümmel
2 Eßlöffel Pflanzenöl
1 Eßlöffel Butter
1 mittelgroße feingehackte Zwiebel
1 Eßlöffel Vollkornmehl
½ Tasse Joghurt
½ Tasse Hühnerbrühe

In die erhitzte Milch wird der Kümmel gegeben, dann der feingeschnittene Kohl. Wenn der Kohl frisch vom Garten ist, läßt man ihn nur aufkochen, deckt ihn zu und stellt den Topf beiseite. Älteren Kohl läßt man 5 Minuten lang kochen, bevor man ihn zugedeckt wegstellt. Nun wird die Sauce zubereitet. In der Fettmischung wird die gehackte Zwiebel 3 Minuten lang geschwitzt;

dann fügt man das Mehl hinzu und schmort sie noch 2 Minuten länger. Mit Hühnerbrühe und Joghurt ablöschen. Die durchgeseihte Sauce wird mit dem Kohl vermengt. Sofort auftragen.
Wenn der Kohl vor dem Servieren zu sehr abgekühlt ist, erhitzt man ihn in Milch, die abgegossen wird. (Diese Milch kann man warm oder kalt trinken.)

Kürbis (Plutzer, Bebe)

2 kleine Kürbisse (frühe Art)
2 Eßlöffel Pflanzenöl
2 Eßlöffel Vollmilch
1 Teelöffel Petmez oder dunkler Honig
1 Teelöffel Majoran

Der Kürbis wird nicht geschält, da die gekochte Schale zart, nahrhaft und guter Ballaststoff ist. Es ist bedauerlich, daß diese wohlschmeckende, vielfältig verwendbare Feldfrucht in Vergessenheit geraten ist.
Man schneidet jeden Kürbis in 6 bis 8 Stücke und läßt sie zusammen mit den übrigen Zutaten 10 Minuten lang kochen oder bis die Schale zart ist.

Kürbis mit Joghurt

2 kleine Kürbisse, geschält und in Stücke geschnitten
1 mittelgroße gehackte Zwiebel
1 Eßlöffel Zitronensaft
1 zerdrückte Knoblauchzehe
1 Teelöffel Kurkumapulver

½ Tasse Hühnerbrühe
2 Tassen Joghurt
1 Teelöffel Basilikum

Die gehackte Zwiebel wird im Öl goldgelb gebraten, dann mit den Kürbisstücken vermischt. Unter fortwährendem Rühren fügt man die übrigen Zutaten bei und läßt auf kleinem Feuer kochen, bis der Kürbis gar ist.

Kürbis mit Linsen

2 kleine Kürbisse, geschält
in Stücke geschnitten
1 Tasse Linsen
1 gehackte Zwiebel
2 Eßlöffel Pflanzenöl
1 Eßlöffel Zitronensaft
2 Tassen Wasser

Die gehackte Zwiebel wird in Öl goldgelb gebraten. Mit Wasser aufgießen und die Linsen hinzufügen. Wenn die Linsen auf kleinem Feuer gargekocht sind (ungefähr in 25 Minuten), gibt man die Kürbisstücke dazu. Den Topf zudecken und etwa 20 Minuten lang leise kochen lassen. Zum Schluß den Zitronensaft hinzufügen und gut umrühren.

Gurkengemüse

Frische Gurken kann man genauso wie Kürbis zubereiten. Wenn sie jung sind, brauchen sie nicht geschält zu werden. Enspricht ihr Volumen dem der Kürbisse, so nimmt man von den Zutaten dieselbe Menge.

Gefüllte Gurken

2 mittelgroße Gurken, halbiert
2 Eßlöffel Linsen
2 Eßlöffel Pflanzenöl
1 Tasse Hühnerbrühe
1 kleine gehackte Zwiebel
1 Teelöffel gehackte Petersilie
1 feingehackte Knoblauchzehe
Salz und Pfeffer nach Geschmack

Die quergeteilten Gurken werden geschält. Man höhlt die Hälften vorsichtig aus und vermischt das Innere mit allen Zutaten außer der Hühnerbrühe. Mit der gründlich durchgearbeiteten Mischung werden die Gurkenhälften gefüllt.
Man legt sie in eine verschließbare feuerfeste Form, gießt die Hühnerbrühe darüber, deckt die Form fest zu und bäckt die Gurken 30 Minuten lang bei 250 °C im vorgeheizten Ofen.

Aubergine auf pikante Art

500 g Aubergine (Eierfrucht)
4 Eßlöffel Pflanzenöl
½ Tasse Tomatensauce
1 große Tomate, in Scheiben geschnitten
125 g Reibkäse

Man schält die Aubergine, wobei man da und dort ein bißchen Schale läßt, und schneidet sie in Längsstreifen. Die Stücke werden in Öl unter dem Grill goldbraun gebacken. Wenn sie gar sind, nimmt man sie aus der Pfanne und gießt das Öl ab. Sie werden dann in eine feuerfeste Form gelegt, mit Tomatensauce und Tomatenscheiben bedeckt und mit Käse bestreut. Unter dem Grill bräunen lassen und sofort auftragen.

Grüne Bohnen

½ kg grüne Bohnen
1 mittelgroße Zwiebel, in Scheiben geschnitten
4 Eßlöffel Pflanzenöl
1 feingehackte Knoblauchzehe
etwas Pfeffer
1 Tasse Hühnerbrühe
1 gehackte Tomate
Bohnenkraut

Die Zwiebelringe werden 2 bis 3 Minuten lang im Öl geschwitzt, bis sie leicht bräunen. Dann fügt man die geputzten Bohnen, Bohnenkraut, Knoblauch und Pfeffer hinzu und läßt alles noch 3 Minuten lang schmoren. Mit Hühnerbrühe ablöschen und die gehackte Tomate dazugeben. Wenn die Bohnen knackig gekocht sind, nimmt man das Bohnenkraut heraus. Man kann beim Schmoren auch Petersilie und 1 Teelöffel Vollkornmehl hinzufügen und kurz vor dem Anrichten etwas Muskatnuß über das Gericht streuen.

7. Reis und Bulgurweizen

Reis

1 Tasse brauner (unpolierter) Reis
1½ Tassen Hühnerbrühe
1 Tasse Wasser
2 Eßlöffel Pflanzenöl
1 Eßlöffel Butter
etwas Salz und Pfeffer
1 Eßlöffel Pinienkerne
1 Teelöffel Pflanzenöl

Die Flüssigkeit, unter Umständen nur Wasser, wird mit Fettmischung, Salz und Pfeffer zum Kochen gebracht. Reis dazugeben, fest zudecken und etwa 30 Minuten lang kochen lassen, bis der Reis gar ist. Hie und da rührt man vorsichtig um; in der zweiten Hälfte der Kochzeit wird der Topf nur leicht zugedeckt, damit der Dampf entweichen kann.
Die Pinienkerne werden in 1 Teelöffel Öl goldgebräunt und über den Reis gestreut, den man mit der Gabel umrührt.

Bulgurweizen

1 gehäufte Tasse Bulgurweizen
1½ Tassen Hühnerbrühe
1 Tasse Wasser
1 mittelgroße gehackte Zwiebel
2 Eßlöffel Pflanzenöl

2 Eßlöffel Butter
etwas Salz

Bulgur nennt man den Vollkornweizen, der gekocht, getrocknet und grobgemahlen ist.
Die gehackte Zwiebel wird in der Fettmischung geschwitzt; dann fügt man Bulgur und Salz hinzu und läßt alles 2 bis 3 Minuten lang schmoren. Man bringt Hühnerbrühe und Wasser zum Kochen und löscht damit ab. Zugedeckt kochen lassen, bis die Flüssigkeit aufgenommen worden ist; das dauert ungefähr 30 Minuten. Dann rührt man mit der Gabel vorsichtig um, damit der Dampf entweicht. Der Topf wird nun nur leicht zugedeckt, so daß der restliche Dampf entweichen kann, und man läßt den Brei kochen, bis er fest ist.

8. Fische und Schalentiere

Seezunge

4 Seezungenfilets (je 160 g)
Mehl zum Bestäuben
3 Eßlöffel geriebener Hartkäse
3 Eier
1 Teelöffel Vollkornmehl
1 Teelöffel gehackte Petersilie
6 Eßlöffel Pflanzenöl
2 Eßlöffel zerlassene Butter
1 gevierteilte Zitrone

Die Filets werden leicht mit Vollkornmehl bestäubt. Man schlägt die Eier und mischt sie mit 1 Teelöffel Mehl, geriebenem Käse und Petersilie. Diese Mischung wird glattgerührt. Die Seezungenfilets werden in den Eierteig getaucht und etwa 2 Minuten lang auf kleinem Feuer im Öl gebraten. Danach werden sie goldbraun gegrillt. Man richtet sie auf gewärmten Tellern an und bepinselt sie mit Butter. Mit Zitronenvierteln garnieren.

Seezunge mit Krabbensauce

Krabbensauce:
125 g Krabbenfleisch
1 Tasse Milch
2 Eßlöffel Butter
1 Eßlöffel Vollkornmehl
4 Eßlöffel Sherry

Seezunge:
4 Seezungenfilets
1 Selleriestengel
1 kleine Zwiebel
2 Eßlöffel Pflanzenöl
2 Eßlöffel Butter
¼ Tasse Joghurt
1 Tasse zerkrümeltes Knäckebrot
½ Tasse Mandeln
Prise Muskatblüte
Prise geriebene Muskatnuß
¼ Tasse Weißwein

Sauce: In die zerlassene Butter gibt man Mehl und heiße Milch. Gut umrühren und 5 Minuten lang kochen lassen. Dann fügt man die Krabben hinzu und läßt nochmals 5 Minuten lang kochen. Zuletzt den Sherry beifügen.

Seezunge: Sellerie und Zwiebel werden feingehackt und 3 Minuten lang in Öl- und Buttermischung gebraten. Dann fügt man Joghurt und Brotkrumen hinzu, als letztes die feingeschnittenen Mandeln, die leicht bräunen sollen. Mit ein wenig Muskatblüte und Muskatnuß würzen.

Die flachgelegten Filets werden gleichmäßig mit der Sauce bestrichen. Man rollt sie zylinderförmig zusammen und hält sie mit einem Zahnstocher fest. Sie werden in eine feuerfeste Form gelegt und mit Weißwein begossen. Im vorgeheizten Ofen 15 Minuten bei 300 °C backen und sofort auftragen.

Krabben mit Gemüse

½ kg zerzupfte Krabben
½ Tasse gehackte Mohrrüben
½ Tasse gehackter Sellerie
2 Eßlöffel gehackte Petersilie
1 feingeschnittene Knoblauchzehe
1 Tasse Fischbrühe
1 große gehackte Tomate
½ Tasse Pflanzenöl

Man kocht Mohrrübe, Sellerie, Petersilie und Knoblauch in der Fischbrühe, läßt sie aber nicht gar werden. In einer feuerfesten Form wird das Gemüse rings um das

Krabbenfleisch gelegt. Tomate und Öl hinzufügen und 30 Minuten lang bei 250 °C im Ofen backen.

Gebackener Lachs

1 kg frischer Lachs
1 Tasse Sherry
¼ Tasse Joghurt
½ Tasse würflig geschnittene Tomate
oder Tomatensauce

Der Lachs wird in etwa 1½ cm dicke Stücke geschnitten und in eine feuerfeste Form gelegt.
Sherry, Joghurt und Tomatenwürfel (oder Tomatensauce) werden gemischt. Die Mischung gießt man über die Lachsstücke. Im vorgeheizten Ofen bei 300 °C 20 Minuten lang backen. Der Lachs sollte gar sein, darf aber nicht zerkochen.

Lachsauflauf

1 Tasse Bulgurweizen
Wasser
Salz und Pfeffer
1 Eßlöffel Butter
½ Teelöffel Thymian
1 kg Lachs, entgrätet und gehäutet
1 mittelgroße gehackte Zwiebel
1 Tasse gehackte Champignons
1 Teelöffel Pflanzenöl
¼ Tasse fein gehackte Petersilie

1 Teelöffel Fenchelsamen, flachgequetscht
2 hartgekochte Eier

Der Bulgurweizen wird mit leicht gesalzenem und gepfeffertem Wasser bedeckt und 30 Minuten lang gekocht. Dann mischt man mit der Gabel flüssige Butter, Thymian und Lachsfleisch. Zwiebel und Champignons werden 5 Minuten lang in Öl geschmort. Man fügt das Lachsfleisch hinzu und läßt die Mischung unter fortwährendem Umrühren leicht bräunen. Petersilie, Fenchelsamen, der gekochte Bulgur und die grobgeschnittenen Eier werden beigegeben.
Vorsichtig alles mit dem Löffel gut mischen und auskühlen lassen.

Der Backteig besteht aus:
3 Tassen Vollkornmehl
2 Eiern
2 Eßlöffel Pflanzenöl
6 Eßlöffel Joghurt
½ Teelöffel Paprika
1 Teelöffel Milch

Man siebt das Mehl in eine Schüssel und vermengt es mit Eiern und Öl. Mit der Gabel mischt man den Teig, bis er krümelige Konsistenz hat, dann fügt man Joghurt hinzu. Man walkt zwei Krusten aus, die in eine feuerfeste Form passen. Die eine wird auf den Boden gelegt und mit der Hälfte der Paprikas bestreut. Die Form wird nun mit der Lachs-Bulgur-Mischung fest gefüllt. Man bestreut die Füllung mit dem restlichen Paprika und legt die zweite Teigkruste darauf, die mit Milch bepinselt wird. Man sticht mit der Gabel an mehrere Stellen hinein. Der Auflauf wird ungefähr 30 Minuten lang bei 250 °C im Ofen gebacken.

Felchen

Felchen für 4 Personen
2 große Zwiebeln
½ Tasse Weißwein
250 g Tomaten
½ Tasse Pflanzenöl
3 bis 4 Knoblauchzehen
1 Zitrone

Die zerschnittenen Zwiebeln werden auf kleinem Feuer 5 Minuten lang in Weißwein gekocht. Dann gibt man die zerzupften Tomaten, Öl und Knoblauchzehen hinzu und läßt weitere 5 Minuten kochen.
Man legt die geputzten Fische in eine feuerfeste Form, übergießt sie mit der Sauce und bäckt sie 45 Minuten lang bei 250 °C im Ofen. Mit Zitronensaft beträufeln und unter dem Grill bräunen lassen.

Heilbutt mit Tomatensauce

4 Heilbuttfilets
Vollkornmehl zum Bestreuen
2 Eßlöffel Pflanzenöl
2 Eßlöffel Butter
1 gehackte Zwiebel
1 Selleriestengel mit Grün, gehackt
2 Eßlöffel gehackte Petersilie

1 zerdrückte Knoblauchzehe
½ Tasse Sherry
250 g Tomaten
1 Eßlöffel Oregano
Saft von ½ Zitrone

Die Heilbuttfilets werden mit Mehl eingepudert und in der Hälfte der Fettmischung auf jeder Seite 2 bis 3 Minuten lang gebraten. Im übrigen Fett schmort man Zwiebel, Sellerie, Petersilie, Knoblauch, Sherry und Tomaten für sich 10 Minuten lang. Man gießt die Sauce über den Fisch, bestreut ihn mit Oregano und schmort oder grillt ihn weitere zehn Minuten lang. Mit Zitronensaft beträufeln und servieren.

Heilbutt mit Knoblauchsauce

4 Heilbuttfilets
Vollkornmehl zum Bestreuen
2 Eßlöffel Pflanzenöl
4 Eßlöffel Butter
4 Eßlöffel gehackte Petersilie
2 große Knoblauchzehen, feingehackt
½ Tasse Weißwein
½ Zitrone in 4 Scheiben

Die mehlbepuderten Heilbuttfilets werden auf jeder Seite 2 bis 3 Minuten in Öl gebraten und beiseite gestellt. Man mischt die Butter mit Petersilie und Knoblauch, bringt sie zum Aufschäumen und gießt sie über die Fischstücke, die dann auf beiden Seiten braungegrillt werden. Sie werden mit dem Wein übergossen und nochmals erhitzt. Auf jedes Filet wird eine Zitronenscheibe gelegt.

Gegrillte Forelle

4 Forellen
4 Eßlöffel Pflanzenöl
Saft von 1 Zitrone
1 Eßlöffel gehackte Petersilie
2 gehackte Schalotten

Die geputzten, gewaschenen und abgetrockneten Forellen werden in 3 Eßlöffel Öl auf beiden Seiten gegrillt, je nach Größe im ganzen 15 bis 20 Minuten lang. Für die Sauce werden 1 Eßlöffel Öl, Petersilie, Schalotten und Zitronensaft gemischt.
Wenn die Forellen gar sind, verteilt man die Sauce darauf.
Die Kaukasier verwenden statt Zitronensaft Granatapfelsaft und lassen die Schalotten weg.

Hummersoufflé

2 Tassen gekochtes Hummerfleisch, zerzupft
3 Eßlöffel Pflanzenöl
2 Eßlöffel Vollkornmehl
½ Tasse Milch
4 Eigelb
½ Tasse Joghurt
4 Eiweiß

Man erhitzt das Öl auf kleinem Feuer und rührt nacheinander Mehl, Milch, Eigelb und zum Schluß Joghurt hinein. Dann gibt man das Hummerfleisch dazu. In eine Auflaufform füllen. Die Eiweiß werden steifgeschlagen und in gleichmäßiger Schicht obendrauf gehäuft. Die Auflaufform kommt in ein Wasserbad, und man bäckt das Soufflé bei 150 °C 1 Stunde lang im Ofen. Sofort auftragen.
Statt des Hummers kann man auch Krabbenfleisch, zerzupften Lachs oder entgrätete Seezunge nehmen.

Hummer Thermidor

500 g gekochtes Hummerfleisch (2 Tassen)
4 Eßlöffel Pflanzenöl
2 Eßlöffel Vollkornmehl
½ Teelöffel scharfer Paprika
½ Teelöffel Currypulver
½ Tasse gehackte Champignons
½ Tasse Fischsud (allenfalls Hühnerbrühe)
½ Tasse frische Vollmilch (oder Rahm)
½ Tasse geriebenen Hartkäse (Emmentaler, Parmesan)

Die Gastronomie versteht unter Hummer Thermidor die Hummerspeise mit Sauce, die im halben Panzer angerichtet wird; aber der springende Punkt ist die Sauce.
Das Öl wird auf mittlerer Flamme erhitzt, und man rührt Mehl, Paprika, Currypulver und Champignons hinein. Langsam werden Brühe und Milch beigegeben. Umrühren, bis die Sauce dick ist. Das zerzupfte Hummerfleisch kommt in eine feuerfeste Form und wird mit der Sauce übergossen. Mit dem geriebenen Käse bestreuen und

unter dem Grill bräunen lassen. Sofort servieren. Dieses Gericht darf nicht aufgewärmt werden.

Gefüllte Miesmuscheln

2 kg möglichst große Miesmuscheln
2 Tassen gehackte Zwiebeln
½ Tasse Öl
1 Eßlöffel gehackte Petersilie
½ Teelöffel Nelkenpfeffer
½ Teelöffel Pfeffer
¼ Tasse Korinthen
¼ Tasse Pinienkerne
½ Tasse halbgarer Reis
2 Tassen Wasser

Die Muscheln werden 2 Stunden lang in Salzwasser aufgeweicht, dann reingeschrubbt und mit der Messerspitze geöffnet. Man entfernt den Bart und spült sie in kaltem Wasser aus.
Um die Füllung zuzubereiten, schwitzt man die gehackten Zwiebeln in Öl goldbraun. Man fügt den Reis und alle anderen Zutaten außer den Muscheln hinzu. Bei mittlerer Hitze 15 Minuten lang schmoren lassen.
Um die Muscheln zu füllen, öffnet man sie etwas weiter, aber vorsichtig, denn wenn sich die Schalen ganz voneinander lösen, bleiben die Muscheln beim Kochen nicht geschlossen. Mit einem Teelöffel wird die Füllung, die man vorher leicht umrührt, hineingegeben. Man drückt die Schalen zu und legt die Muscheln schichtweise in eine feuerfeste Form. Sie werden mit einem Teller bedeckt, der unter den Deckel der Form passen muß.

Zudecken und 1½ Stunden lang auf niedriger Flamme kochen oder bei 250 °C im Ofen backen lassen.

9. Fleischgerichte

Fleischfüllung

500 g gehacktes Hammel- und Rindfleisch, gemischt
125 g unpolierter Reis
1 feingehackte Zwiebel
1 Eßlöffel gehackte Petersilie
¼ Tasse gehackte frische Tomaten
1 Tasse Hühnerbrühe
Salz und Pfeffer nach Geschmack

Alle Zutaten außer der Hühnerbrühe werden gründlich vermengt. Man kann auch ein paar Tropfen Tabascosauce hinzufügen. Mit dieser Mischung füllt man ausgehöhlte Auberginen, Tomaten, Pfefferschoten, Kartoffeln, Zucchetti, Kürbis. Die eßbaren Teile des ausgehöhlten Gemüses fügt man der Füllung bei. Diese Speise heißt *Dolma*.
Sie heißt *Sarma,* wenn man Kohl- oder Weinblätterrouladen macht. Die Kohlblätter überwallt man einige Minuten mit kochendem Wasser, damit sie sich besser rollen lassen; die harten Teile werden dann weggeschnitten.
Dolma und Sarma läßt man zugedeckt in der Hühnerbrühe eine Stunde lang backen oder kochen.
Man kann natürlich verschiedene gefüllte Gemüse

gleichzeitig auf den Tisch bringen. Wichtig ist es, nur mageres Fleisch zu verwenden.

Hackbraten (falscher Hase) auf kaukasische Art
(für 8 Personen)

500 g gehacktes Fleisch
2 mittelgroße Tomaten, feingehackt
2 zarte Selleriestengel, feingehackt
½ mittelgroße Aubergine, feingehackt (oder Mohrrüben, Erbsen, Bohnen)
2 Eßlöffel Petersilie, feingehackt
1 große Zwiebel, feingehackt
1 große zerdrückte Knoblauchzehe
½ Teelöffel Thymian
½ Teelöffel Basilikum
½ Teelöffel Pfeffer
1 Ei
2 Eßlöffel Joghurt
1 Eßlöffel Sojasauce
etwas Butter

Dieser Hackbraten zeugt nicht nur von der Vorliebe der Kaukasier für Mischgerichte, sondern auch von ihrer Kunst, mehrere Gäste zu bewirten, ohne allzutief ins Portemonnaie greifen zu müssen.
Man kann als Gehacktes nur Rindfleisch verwenden, Rind und Kalb zu gleichen Teilen, oder je ein Drittel Rind-, Kalb- und Hammelfleisch. Auch Schweinefleisch eignet sich. Hauptsache, das Gesamtgewicht beträgt nicht mehr als ein halbes Kilo. Das Mischverfahren sollte genau befolgt werden.

Zuerst werden Gemüse, Kräuter und Gewürze mit Ausnahme der Sojasauce gemischt. Man vermengt sie so lange in einer Schüssel, bis alles wirklich gut gemischt ist (darum ist es so wichtig, daß die Zutaten ganz feingehackt sind). Das Ei wird mit dem Joghurt verrührt, die Sojasauce hinzugefügt. Diese Mischung wird nun mit dem Hackfleisch gründlich vermengt. Zum Schluß werden alle Zutaten gemischt, und aus dem Teig formt man einen Laib.
Der Hackbraten wird in einer eingefetteten Glasform im Wasserbad gebacken. Unter Umständen muß Wasser nachgefüllt werden, denn er bleibt bei 250 °C eine Stunde lang im Backofen.

Roastbeef à la West Point Farms (für 8 Personen)

2 kg Rinderlende (ohne Fett)
1 Gläschen Cognac
½ Tasse Pflanzenöl
4 mittelgroße Zwiebeln
2 Knoblauchzehen
1 Tasse Rotwein
2 Eßlöffel Butter
¼ Teelöffel Muskatblüte
½ Teelöffel geriebene Muskatnuß
Salz und Pfeffer nach Geschmack

Die Rinderlende wird im Kühlschrank über Nacht in Cognac und Öl mariniert. Am folgenden Tag Zwiebeln und Knoblauch feinhacken und 1 Stunde lang im Rotwein marinieren.
Roastbeef wird besonders gut im Römertopf. Man be-

pinselt den Braten mit dem eigenen Saft und dreht ihn häufig um, bis er außen knusprig braun ist, innen so, wie man es wünscht.
Das Zwiebel- und Knoblauchgemisch wird mit dem Wein in Butter geschmort, wobei man die Gewürze hinzufügt. Diese Sauce reicht man zum Rostbraten.
Der Braten wird, wie bei Roastbeef üblich, in dünne Scheiben geschnitten, die man auch als kalten Aufschnitt verwenden kann.

Rindfleisch mit Champignons

750 g Rindfleisch, in dünne Scheiben geschnitten
250 g frische Champignons, in Scheiben geschnitten
2 kleine gehackte Zwiebeln (4 Eßlöffel)
1 feingeschnittene Knoblauchzehe
1½ Tassen Hühnerbrühe
(oder 1 Tasse und 1 Eßlöffel Sülze)
4 Eßlöffel Pflanzenöl
2 Eßlöffel Pfeilwurzpulver
1 Eßlöffel Sojasauce

Statt der Hühnerbrühe kann man natürlich auch Rindfleischbrühe nehmen, die im Kaukasus selten verwendet wird.
Der Knoblauch wird 1 Minute lang in Öl geschwitzt. Man nimmt ihn heraus und gibt statt dessen die gehackte Zwiebel in die Pfanne. Dazu kommen die Fleischschnitten. Man läßt sie auf kleinem Feuer nach Belieben durchbraten. Dann fügt man bis auf einen kleinen Rest die Brühe sowie die Champignons hinzu. Zugedeckt 10 Minuten lang schmoren lassen. Sojasauce,

Pfeilwurzpulver und 1 Eßlöffel Brühe werden zu einer Paste verrührt, die man mit der Fleisch-Champignon-Sauce vermischt. Unter fortwährendem Rühren läßt man die Sauce eindicken.

Kaukasische Frikadellen

250 g mageres Hammelfleisch,
zweimal durch den Wolf gedreht
250 g mageres Rindfleisch,
zweimal durch den Wolf gedreht
1 mittelgroße gehackte Zwiebel
2 Eßlöffel gehackte Petersilie
½ Tasse Tomatensaft
2 Eßlöffel Joghurt
1 Eßlöffel Pflanzenöl

Alle Zutaten werden gründlich gemischt, zu Frikadellen geformt und gegrillt. Sie können mit Vollkornbrot als Sandwich dienen. Bei diesem Rezept kann man gut und gern mit Kräutern experimentieren oder auch Soja- oder Tabascosauce hinzufügen.

Kalbsbraten (für 8 Personen)

4 bis 4½ Pfund Kalbsbraten
2 halbe Zitronen
3 Knoblauchzehen, in Scheiben geschnitten
8 Sardellen
etwas geriebene Muskatnuß

Der Kalbsbraten wird mit den Zitronenhälften eingerieben, wobei man den Saft hineindrückt. Man macht mit der Messerspitze viele Einschnitte und spickt den Braten mit Knoblauch- und Sardellenstückchen. Er wird mit geriebener Muskatnuß bestreut. Bei 250 °C 2 bis 3 Stunden lang im Ofen braten, am besten im Römertopf. In dünne Scheiben schneiden, Reste als kalten Aufschnitt verwenden.

Kalbsschnitzel

Kalbsschnitzel für 4 Personen, Anzahl je nach Größe
1 Ei
2 Eßlöffel geriebener Hartkäse
3 Eßlöffel Vollkornmehl
½ Tasse Knäckebrotbrösel
6 Eßlöffel Öl

Ei und Käse werden zusammengeschlagen. Man paniert die flachgeklopften Schnitzel zuerst mit Mehl, dann mit der Ei-Käse-Mischung, zuletzt mit den Knäckebrotbröseln. Sie werden auf kleinem Feuer im Öl goldbraun gebraten. Zum Schluß legt man sie kurz unter den Grill.

Schnitzel mit Käse

Bevor man die gebratenen Schnitzel unter den Grill legt, bestreicht man sie mit Tomatensauce (siehe Rezept Seite 156) und belegt jedes mit 3 Scheiben Emmentaler oder Cheddarkäse. Der geschmolzene Käse darf nur golden werden.

Kalbsschnitzel Cordon bleu

4 Doppelschnitzel
1 zerdrückte Knoblauchzehe
4 Scheiben Rohschinken
4 Scheiben Emmentaler oder Greyerzerkäse
Vollkornmehl
1 Ei
Knäckebrotbrösel oder 1 Tasse Weißwein

Man läßt sich vom Metzger die Schnitzel quer einschneiden, so daß sie an der einen Seite noch zusammenhängen. Außen reibt man sie mit Knoblauch ein. In die Öffnung der Schnitzel schiebt man je eine Scheibe Schinken und Käse. Sie werden mit Vollkornmehl, geschlagenem Ei und Bröseln paniert und in Fett gebraten. Das ist die klassische Art der Zubereitung.
Wenn das Essen schon andere schwere Gänge bietet, wird der Käse weggelassen, und die Schnitzel werden nicht paniert. Statt dessen übergießt man sie mit Weißwein und brät sie 45 Minuten lang bei 250 °C im Backofen, wobei sie häufig bepinselt werden müssen.

Hammelhoden

1 kg Hammelhoden, in kleine Würfel geschnitten
3 Eßlöffel Pflanzenöl
500 g kleine Zwiebeln, geviertelt
1 Teelöffel Kümmel
½ Teelöffel Nelkenpfeffer
1 Eßlöffel Sherry

Das Fleisch wird in der Hälfte des Öls gebräunt. In einer anderen Pfanne bräunt man die Zwiebeln im Rest des Öls. Wenn sie goldgelb sind, werden sie dem Fleisch beigefügt. Man würzt und läßt auf kleiner Flamme 30 Minuten lang schmoren. Vor dem Auftragen wird der Sherry dazugegeben.

Hammelkeule

1 Hammelkeule
(mindestens 2 kg, Reste sind immer zu verwenden)
1 Eßlöffel Pflanzenöl
Salz und Pfeffer nach Geschmack
6 Knoblauchzehen
1 l Weißwein

Die Hammelkeule mit Öl einreiben, mit Salz und Pfeffer bestreuen. Die ungeschälten, leicht zerdrückten Knoblauchzehen legt man auf den Boden der Pfanne. Darüber wird der Wein gegossen und zuletzt die Keule hineingelegt. Je nach Größe wird sie im vorgeheizten Ofen bei 250 °C 2 oder mehr Stunden gebraten. Man sticht häufig mit der Gabel hinein, möglichst an Stellen, wo das Fett sitzt, damit es herausquillt. In regelmäßigen Abständen bepinseln. Die Sauce wird entfettet und zum Braten gereicht.

Lamm-Kebab

1 Lammkeule
Saft von 1 Zitrone

1 Tasse Rotwein
½ Tasse Pflanzenöl
1 zerdrückte Knoblauchzehe
1 Teelöffel Kümmel
1 Teelöffel Basilikum
1 Teelöffel Sojasauce
½ Teelöffel geriebene Muskatnuß
1 kleine Zwiebel
1 kleine grüne Pfefferschote

Das Lammfleisch wird ohne Knochen und Fett in 5 cm große Würfel geschnitten. Man stellt die Stücke in einer Marinade aus Zitronensaft, Wein, Öl, Knoblauch, Basilikum, Sojasauce, Kümmel und Muskatnuß 3 bis 4 Stunden lang in den Kühlschrank.
Der Grill wird vorgeheizt. Die Fleischstücke kommen abwechselnd mit Zwiebelscheiben und Pfefferschotenstücken auf den Spieß. Der Kebab wird mit der Marinade bepinselt und ringsum gegrillt. Sofort servieren.

Hammelfleischklöße (Kufta)

500 g mageres Hammelfleisch,
zweimal durch den Wolf gedreht
1 Tasse Bulgurweizen, sehr fein gemahlen
1 mittelgroße feingehackte Zwiebel
1 Teelöffel gehackte Petersilie
Salz und Pfeffer nach Geschmack
3 Tassen Hühnerbrühe

Alle festen Zutaten werden wie ein Teig gemischt und geknetet. Wenn die Masse allzu fest ist, feuchtet man sie von Zeit zu Zeit mit ein paar Wassertropfen an. 10 Minuten lang kneten. Dann taucht man die Hände in kaltes Wasser und formt Fleischklößchen. Die Hühnerbrühe wird zum Kochen gebracht. Man gibt die Fleischklößchen, immer ein paar aufs Mal, hinein, deckt den Topf zu und läßt sie 20 Minuten lang kochen. Kufta schwimmt nach oben, wenn er gar ist. Man nimmt die Klößchen mit dem Schaumlöffel heraus und befeuchtet sie in der Anrichteschüssel oder auf dem Teller mit ein wenig Brühe.

Schweinebraten

1½ kg Schweinebraten
½ Zitrone
5 Apfelscheiben
5 bis 6 Zwetschen, entkernt und halbiert
Prise Salz
1 Tasse Hühnerbrühe

Der Braten wird mit der Zitrone eingerieben. Man schneidet Schlitze hinein und füllt sie abwechselnd mit Apfelscheiben und halben Zwetschen. Das ganz leicht gesalzene Fleisch wird bei 250 °C im Ofen mit der Hälfte der Brühe gebraten, und zwar rechnet man für je 500 g eine Zeitdauer von ½ Stunde. Ab und zu bepinseln. Wenn nötig, fügt man den Rest der Brühe hinzu, damit das Fleisch nicht austrocknet. In Scheiben schneiden und auftragen. Auch kalter Schweinebraten ist für Aufschnitt sehr geeignet.

Schweinekoteletten auf kaukasische Art

8 kleine Schweinekoteletten, möglichst mager
½ Teelöffel Pflanzenöl
¼ Tasse Petmez oder ⅓ Tasse dunkler Honig
2 Tassen rohe Heidelbeeren
½ Teelöffel Nelkenpulver
ein wenig Salz

Die Koteletten werden in einer leicht eingefetteten Pfanne gebräunt. Man gießt Petmez oder Honig über die Heidelbeeren und fügt das Nelkenpulver hinzu. Die Hälfte der Heidelbeeren kommt in eine feuerfeste Form; darauf legt man die leicht gesalzenen Koteletten. Sie werden mit den übrigen Heidelbeeren bedeckt. Bei 250 °C 1 Stunde lang im Ofen backen.

Leber

1 kg Rinds- oder Kalbsleber
¼ Teelöffel Paprika
1 Eßlöffel Vollkornmehl
6 Eßlöffel Pflanzenöl
½ Zwiebel, in Scheiben geschnitten
6 Apfelscheiben, ½ cm dick
1 Eßlöffel Honig oder 1 knapper Eßlöffel Petmez

Die gewaschene und abgetropfte Leber wird in 4 Portionen geteilt. (Es ist besser, sie erst kurz vor der Zubereitung zu zerschneiden.) Sie wird mit Paprika gewürzt und mit Mehl bestreut. In 2 Eßlöffel Öl über kleiner Flamme braten. In einer anderen Pfanne werden die Zwiebel-

ringe in 2 Eßlöffel Öl geschwitzt. Wenn sie gebräunt sind, kommen sie auf die Leber. Auch die Apfelscheiben werden gesondert in 2 Eßlöffel Öl geschmort und mit Honig oder Petmez betupft. Wenn die Apfelscheiben gar sind, richtet man die Leber darauf an und garniert sie mit den Zwiebelringen.
Da die Zubereitung aus drei Arbeitsgängen besteht, muß man darauf achten, daß die Leber nicht durch allzu langes Schmoren zäh wird. Nährwert und Geschmack bleiben viel besser erhalten, wenn sie nicht ganz durchkocht.
Richtige Zeitberechnung ist entscheidend.

Nieren

500 g Kalbs- oder Hammelnieren
¼ Tasse Pflanzenöl
1 Gläschen Cognac
1 Gläschen Sherry
½ Tasse Champignons, in Scheiben geschnitten
½ Teelöffel geriebener Meerrettich
1 Tasse Kaffeerahm (oder Milch)

Die Nieren werden in kleine Stücke geschnitten und in dem erhitzten Öl gebraten. Wenn sie ihre rote Farbe verloren haben, flambiert man sie mit Cognac. Nach dem Erlöschen der Flamme gießt man den Sherry darüber und fügt Champignons, Meerrettich und Rahm hinzu. Zehn Minuten lang schmoren lassen und auftragen.

Kalbsbries (Milken)

2 Brieschen
2 Teelöffel Salz
3 Teelöffel Apfelweinessig
3 Eßlöffel Pflanzenöl
2 Eiweiß
½ Tasse feingemahlene Walnüsse

Die Brieschen werden in kaltem Wasser, dem man ½ Teelöffel Salz und 1 Teelöffel Essig beigibt, eingeweicht. Nach 30 Minuten gießt man das Wasser ab. Diese Prozedur wird zweimal wiederholt. Nach dem dritten Mal läßt man sie abtropfen. Sie kommen nun in einen Topf und werden mit Wasser bedeckt, dem man ½ Teelöffel Salz zusetzt. Man läßt aufkochen, gießt die Flüssigkeit weg und spült die Brieschen in kaltem Wasser. Wenn sie gründlich abgetropft sind, legt man sie auf ein Papiertuch.
In einer Pfanne wird Öl erhitzt. Die Brieschen werden in ungeschlagenes Eiweiß getaucht und dann in gemahlenen Walnüssen gewälzt. Man brät sie auf beiden Seiten hellbraun.

Herissa (Hühnergrütze)

4 Tassen zerzupftes Hühnerfleisch
1 Tasse Vollkornweizen oder unpolierter Reis
1 l kochendes Wasser
½ l Hühnerbrühe
Salz und Pfeffer nach Geschmack
60 g Butter

½ Teelöffel Paprika
etwas Kümmel

Der Leser kennt die überlieferte Geschichte, warum dieses Gericht Herissa (Halleluja) heißt. Seit seiner zufälligen Entdeckung hat es viele Abwandlungen erfahren, aber sein Nährwert ist sich immer gleich geblieben.
Weizen oder Reis wird in das kochende Wasser geschüttet, vom Feuer genommen und über Nacht eingeweicht. Am folgenden Tag werden ½ l Einweichwasser und ½ l Hühnerbrühe zusammengegossen und sowohl der eingeweichte Weizen oder Reis als auch das Hühnerfleisch dazugetan. Die Hälfte des Einweichwassers wird nicht benutzt, damit die Grütze die richtige Konsistenz erhält. Man läßt den Brei leise kochen bis Weizen oder Reis gar ist und alle Flüssigkeit aufgenommen hat. Während des Kochens gibt man Salz und Pfeffer hinzu und rührt mit einem Holzlöffel, bis der Brei glatt ist.
Vor dem Auftragen zerläßt man die Butter mit Paprika. Sie wird auf jede Portion gegossen. Mit etwas Kümmel bestreuen.

Armenische Wurst (Saudschuk)

2½ kg gehacktes mageres Rindfleisch
1 Tasse feingehackte grüne Pfefferschote
2 Eßlöffel Kümmel
1 Eßlöffel Paprika
1 Teelöffel schwarzer Pfeffer
1 Teelöffel Nelkenpfeffer
1 Teelöffel Zimt
Wursthaut (Därme)

Außer Saudschuk gibt es im Kaukasus auch die Dauerwurst Basterma, deren Herstellung jedoch recht kompliziert ist.
Die Wursthaut kann man beim Metzger kaufen, sogar auf Vorrat, da sie sich tiefkühlen läßt.
Fleisch und Pfefferschote werden zusammen durch den Wolf gedreht. Man mischt alle Zutaten gründlich, läßt die Masse über Nacht im Kühlschrank stehen und knetet sie am folgenden Tage nochmals durch. Beim Stopfen wird die Wursthaut jeweils nach etwa 5 cm Länge mehrmals herumgedreht. Bei jeder Drehung sticht man mit einer feinen Nadel hinein — also an beiden Enden der Wurst —, damit die Luft entweichen kann. Die ganze Wurstkette wird an einem trockenen Ort am offenen Fenster aufgehängt. Man läßt sie zwei Wochen lang trocknen.
Saudschuk ist vielfach verwendbar, roh in Scheiben geschnitten, würfelförmig in Suppen, zusammen mit Eiern (statt Speck oder Schinken), als Beigabe zu Salaten, als Brotbelag oder als Imbiß.

10. Eierspeisen

Kaukasische Pizza

250 g gehacktes mageres Rindfleisch
1 mittelgroße Aubergine
1 kleine gehackte Zwiebel
3 Eßlöffel Pflanzenöl
1 Eßlöffel gehackte Petersilie

1 Eßlöffel Sonnenblumenkerne
3 Eier
Salz und Pfeffer nach Geschmack

Die Aubergine wird geschält und gerieben. Man brät das Hackfleisch mit der Zwiebel in 1 Eßlöffel Öl und fügt dann die Aubergine hinzu. Petersilie und Sonnenblumenkerne werden mit 1 Ei zusammengerührt und mit dem Fleisch gut vermischt. Man erhitzt das übrige Öl in einer Pfanne. Die beiden andern Eier werden geschlagen, mit Salz und Pfeffer gewürzt und der Fleischmischung beigefügt. Die Pizza wird auf beiden Seiten in dem Öl gebacken. Sie sollte gebräunt sein.

Eierauflauf mit Käse und Kürbis

4 geschlagene Eier
2 mittelgroße Kürbisse, gerieben
1 Tasse geriebener Hartkäse nach Wahl
½ Tasse gehackte Petersilie
½ Tasse Pflanzenöl (oder halb Öl, halb Butter)
Salz und Pfeffer nach Geschmack

Alle Zutaten werden gründlich vermischt und in einer feuerfesten Form ½ Stunde lang bei 250 °C im Ofen gebacken.
Die Kaukasier schaffen bei dieser Eierspeise mit verschiedenerlei Gemüse Abwechslung. Besonders nährstoffreich wird sie, wenn man Kleie, Vollkorngetreide oder Sojabohnen hinzufügt. In diesem Fall reicht man dazu eine Tomatensauce.

11. Brot

Mischbrot I

3 Teelöffel trockene Hefe
2½ Eßlöffel Honig oder 2 Eßlöffel Petmez
1 Teelöffel Salz
2½ Tassen warmes Wasser
3 Tassen Weizenschrotmehl
1 Tasse Hafermehl
1 Tasse Hirsemehl
½ Tasse Sojamehl
¼ Tasse Naturreismehl
½ Tasse Gerstenmehl
½ Tasse Maismehl
2 Eßlöffel Pflanzenöl

In einer Teigschüssel mischt man Hefe und Honig (oder Petmez) mit warmem Wasser und Salz. Außer ½ Tasse Weizenmehl werden alle Mehlsorten gemischt und tassenweise dazugesiebt, wobei man gut vermengt.
Der Teig wird auf einem mehlbestäubten Brett 10 Minuten lang geknetet. Wenn nötig, siebt man noch mehr Mehl hinein.
In die ausgespülte und abgetrocknete Schüssel gibt man ein paar Tropfen Öl, die auf Boden und Seiten verteilt werden. Der Teig wird mit Öl eingerieben und in die Schüssel gelegt. Man bedeckt ihn mit einem leicht befeuchteten Tuch und stellt ihn zum Aufgehen an einen warmen Ort. Wenn sich sein Umfang verdoppelt hat, drückt man ihn zusammen und knetet ihn nochmals ein paar Minuten. Dann wird er in 3 gleiche Teile geteilt.

Jeder Teil kommt in eine leicht eingefettete Blechform (oder in eine Aluminiumschale, die nicht eingefettet zu werden braucht). Zudecken und nochmals an einem warmen Ort aufgehen lassen. Bei 300 °C ungefähr 1 Stunde im Ofen backen, bis das Brot schön gebräunt ist. Zum Trocknen sollte es auf ein Drahtgitter gesetzt werden.

Mischbrot II

50 g Sauerteig
½ Tasse warmes Wasser
1 Tasse Vollmilch
1 Eßlöffel Honig oder Petmez
4 Eßlöffel Pflanzenöl
2 Teelöffel Salz
2 Tassen Weizenschrotmehl
1 Tasse Haferflocken
1 Tasse Sojamehl
1 Tasse Buchweizenmehl
1 Tasse Naturreismehl

Der Sauerteig wird in warmem Wasser aufgelöst. Der angewärmten Milch setzt man Honig oder Petmez, Öl und Salz zu. Alle Mehlsorten werden in eine Schüssel gesiebt. Beide Flüssigkeiten werden hineingearbeitet, und man knetet den Teig so lange, bis er die gewünschte Konsistenz hat. Zwei Stunden lang aufgehen lassen.
Danach wird der Teig auf einem Brett nochmals geknetet und in drei Teile geteilt. Jeder Teil kommt in eine leicht eingefettete Blechform, und vor dem Backen läßt man den Teig nochmals 1 Stunde lang aufgehen. Die

Brotlaibe werden oben mit Butter bestrichen. Eine Stunde lang bei 300 °C im Ofen backen.

Brotaufstrich

Wer es wirklich nicht über sich bringen kann, auf den gewohnten süßen Brotaufstrich zu verzichten, der sollte das Angenehme wenigstens mit dem Nützlichen verbinden.
Man mischt zu gleichen Teilen Sesampaste mit Honig, so daß einem die Nährwerte des Sesamsamens zuteil werden. Weitaus besser ist ein Stück Käse zu einem gesunden, unverfälschten Brot, das je 30 g 63 Kalorienwerte hat und 10 Eiweißstoffe enthält. 30 g Emmentaler enthalten keine Kohlenhydrate, jedoch 37 Eiweißstoffe. Das ist ein Beispiel für ausgewogene Ernährung.

12. Desserts

Anauschbaur

1 Tasse Vollkornmehl
2 l Wasser
1 Tasse Rosinen
1 Tasse gedörrte Aprikosen
⅔ Tasse Petmez oder ¾ Tasse Honig
2 Eßlöffel Rosenwasser
etwas Zimt
½ Tasse Mandelsplitter

Der Pudding Anauschbaur, der nach alter Überlieferung im Kaukasus hauptsächlich in der Osterzeit Gästen vorgesetzt wird, ist den meisten industriellen Desserts bei weitem vorzuziehen.
Das Mehl wird über Nacht in Wasser eingeweicht. Am folgenden Tag kocht man es 1½ Stunden lang auf kleinem Feuer.
Rosinen und Aprikosen werden gewaschen, die Aprikosen dann in kleine Stücke geschnitten. Man fügt sie mitsamt Rosenwasser und Petmez oder Honig dem Weizenbrei zu, läßt alles noch ½ Stunde leicht kochen und nimmt den Topf vom Feuer. Die Mandelsplitter werden hineingerührt. Mit Rosenwasser beträufeln und mit Zimt bestreuen.

Apfelkuchen

Teig:
2 Tassen Vollkornmehl
4 Eßlöffel Pflanzenöl
2 Eßlöffel Butter
½ Tasse Sesamsamen
6 Eßlöffel kaltes Wasser

Füllung:
6 mittelgroße saftige Äpfel
1½ Eßlöffel Vollkornmehl
1 Tasse Honig oder ¾ Tasse Petmez
1 Teelöffel Zimt
½ Teelöffel geriebene Muskatnuß
1 Eßlöffel Zitronensaft
½ Teelöffel Salz

Butterflöckchen
etwas Milch

Für den Teig werden Mehl, Öl und Butter in einer Schüssel gemischt. Man knetet mit den Händen, bis er wie Haferschleim ist. Dann kommt der Sesamsamen hinein, Wasser wird hinzugefügt, und man knetet weiter, bis die Teigkonsistenz erreicht ist. Man formt eine Kugel, legt Wachspapier darauf und darunter und walkt sie so weit aus, daß man genug Teig für einen Boden und für einen Deckel hat.
Für die Füllung werden die Äpfel in keilförmige Stücke geschnitten. Man mischt sie in einer Schüssel gründlich mit Mehl, Honig oder Petmez, Zimt, Muskat, Zitronensaft und Salz.
Der Teigboden wird so in eine Springform gelegt, daß er ringsum über den Rand hängt. Die Füllung wird gleichmäßig darauf verteilt und mit einigen Butterflöckchen belegt. Den Teigdeckel breitet man darauf aus und verklebt den Rand mit dem überhängenden Bodenteig. Den Deckel mit Milch bepinseln und mit der Gabel an mehreren Stellen durchstechen. 20 Minuten lang bei stärkster Hitze im Ofen backen, dann auf 250 °C reduzieren und noch 1 Stunde backen lassen.

Burma (Süßgebäck)

Beurek-Teig (siehe Käsegebäck Seite 172)

Füllung:
½ Tasse Pflanzenöl und Butter, gemischt
½ Tasse Honig oder ½ Tasse Petmez

750 g gemischte Pekan- und Walnüsse, gehackt
125 g kleingeschnittene Datteln
½ Teelöffel geriebene Muskatnuß

Die Beureks werden wie auf Seite 172 angegeben hergestellt, diesmal aber nicht mit Käse gefüllt, sondern in Hüppenform mit süßem Inhalt. Der Teig muß deshalb sehr dünn ausgewalkt werden. Es sollte etwa 24 Burmas ergeben.
Der Teig wird mit einer Mischung von Öl, Butter und Honig oder Petmez bestrichen. Für jeden Zylinder rechnet man mit einer Füllung von 2 Eßlöffeln gemischten Nüssen, Datteln und Muskatnuß.
Man beginnt mit dem Aufrollen an einer Seite des Tisches und schneidet dann die etwa 10 cm langen Burmastücke.
Die Burmas werden nebeneinander auf ein Backblech gelegt und auf der Oberseite mit der Öl-Butter-Honig-Mischung bestrichen. Sie werden bei 250 °C rötlichbraun gebacken, ungefähr ½ Stunde lang. Man kann sie im Kühlschrank einige Zeit aufbewahren, aber auch tiefkühlen.

Nußgebäck

5 Eier
2 Tassen feingeschnittene Datteln
1 Teelöffel Vanille-Extrakt
1 Tasse Vollkornmehl
1 Tasse Karubenpulver
½ Tasse Pflanzenöl
3 Eßlöffel Kleie

1 Eßlöffel Weizenkeime
1 Tasse gehackte Walnüsse oder halb Walnüsse, halb Pekannüsse
etwas Butter zum Einfetten

Die Eier werden geschlagen und mit allen übrigen Zutaten gründlich gemischt. Diesen Teig streicht man auf ein leicht eingefettetes Kuchenblech. Bei 250 °C 40 Minuten lang im Ofen backen. Man schneidet das Gebäck in viereckige Stücke und läßt es auskühlen.

Kompott

500 g entkernte Pflaumen
500 g gedörrte Aprikosen (schwefelfrei)
500 g gedörrte Pfirsiche (schwefelfrei)
Wasser
½ Tasse dunkler Honig oder ⅓ Tasse Petmez
2 Zimtstangen
1 Stück gehackter Ingwer
½ Teelöffel geriebene Muskatnuß

Die Früchte werden mit kochendem Wasser übergossen, so daß sie bedeckt sind, und über Nacht darin eingeweicht. Am Morgen setzt man sie mit dem Einweichwasser auf und läßt sie mitsamt den Gewürzen 1 Stunde lang kochen. Dann werden die Zimtstangen herausgenommen. Auskühlen lassen und im Kühlschrank aufbewahren. Man kann das Kompott vor dem Anrichten mit Joghurt-Sauce garnieren.

Joghurt-Garnitur

2 Tassen Joghurt
2 Eßlöffel feingehackte Zitronenschale
2 Eßlöffel Zitronensaft
⅔ Tasse dunkler Honig oder ½ Tasse Petmez

Alle Zutaten werden verrührt und kaltgestellt. Man kann mit dieser Sauce Kompott, gemischtes Obst und Bananenscheiben garnieren.

Dattelsauce

500 g Datteln, entkernt und gehackt
2 Tassen zerzupfte frische Pfirsiche
1 Tasse gehackte Walnüsse
2 Eßlöffel Pfirsichsaft oder Wasser
½ Tasse Cognac

Die vermischten Zutaten werden mit dem Cognac übergossen und 2 bis 3 Stunden eingeweicht. Man stellt die Dattelsauce in den Kühlschrank und verwendet sie als Garnitur für Kompott und Pudding.

Gebackene Obstspeise

½ Tasse Aprikosen, in Stückchen geschnitten
½ Tasse Pflaumenstückchen
½ Tasse Pfirsichstückchen
½ Tasse Ananasstückchen
½ Tasse Quittenstückchen

2 Eßlöffel Pflanzenöl
½ Tasse gehackte Mandeln
½ Tasse Sherry

Falls kein frisches Obst zu haben ist, kann man gedörrtes nehmen, das eingeweicht werden muß.
Die Obstsorten werden schichtweise in eine feuerfeste Form gelegt, mit Öl und Mandeln besprenkelt, zuletzt mit dem Sherry übergossen. Man bäckt die Speise 20 Minuten lang bei 150 °C im Ofen und serviert sie heiß.

Traubenpudding

1½ Tassen Bulgurweizen
1 l Traubensaft
1¼ Tasse dunkler Honig oder 1 Tasse Petmez
1 Teelöffel Zimt
½ Teelöffel Nelkenpfeffer
½ Tasse gehackte Nüsse

Traubensaft und Bulgurweizen werden im Wasserbad 1 Stunde lang gekocht. Dann fügt man nacheinander unter ständigem Umrühren Honig oder Petmez, Gewürze und Nüsse hinzu. Heiß oder kalt servieren.
Honig ist in diesem Fall ein etwas kümmerlicher Ersatz; den richtigen Geschmack erhält dieser Pudding nur mit Petmez.

Mahalebi

2 Tassen Milch
½ Tasse Honig oder Petmez
¼ Tasse Wasser
¼ Tasse Pfeilwurzpulver
1 Teelöffel Zimt

Vielleicht ist dieser Pudding ein armenischer Vorläufer des mittelöstlichen Mahlabs, dessen Name vom Malahebkirschbaum herrührt. Statt Milch kann man nämlich auch Kirschsaft verwenden. Wenn Pfeilwurzpulver nicht zu haben ist, behilft man sich mit einem anderen natürlichen Stärkemehl.
Milch und Petmez werden in einer Pyrexpfanne zum Kochen gebracht, Wasser und Pfeilwurzpulver miteinander verrührt und langsam zur Milch gegossen. Unter fortwährendem Rühren läßt man 20 Minuten lang ziehen, bis sich Blasen bilden. In Puddingförmchen abfüllen und erkalten lassen. Vor dem Auftragen mit Zimt bestreuen.

Reispudding

6 Eßlöffel unpoliertes Reismehl
1 Eßlöffel Pfeilwurzpulver
½ Tasse Petmez oder etwas mehr Honig
1 l Milch
1 Teelöffel Vanille-Extrakt

Reismehl, Pfeilwurzpulver und Petmez werden in 2 Tassen Milch gut verrührt. Die übrige Milch wird auf kleiner Flamme erhitzt. Dann kommt die Mischung hinzu und man läßt unter fortwährendem Rühren 30 Minuten lang kochen. Zum Schluß fügt man den Vanille-Extrakt bei. Kalt servieren.

Sesam-Mandelgebäck

2 Tassen Mandelsplitter
1 Tasse Sesamsamen
1 Tasse Petmez oder 1½ Tassen dunkler Honig
4 steifgeschlagene Eiweiß
1 Teelöffel Vanille-Extrakt
4 Eigelb
1 Tasse Vollkornmehl
etwas Butter zum Einfetten

Alle Zutaten werden gut verrührt. Man setzt den Teig wie Makronen in Häufchen auf das gefettete Kuchenblech, jeweils etwa 1 Eßlöffel. Bei 250 °C 30 Minuten lang im Ofen backen.

Schlußwort

von Dr. Morvyth Williams

Die Zeichen mehren sich, daß es zu einem Aufstand der Konsumenten kommen könnte. Da und dort wird der Ruf nach einer Öko-Diät laut, da und dort warnen Stimmen vor der Untergrabung der Volksgesundheit durch zu viele Zusatzstoffe, vor der mangelhaften Zufuhr an Ballaststoffen und vor der Verwendung nährstoffarmer Markenartikel und raffinierter Nahrungsmittel.

Trotzdem ist es vorläufig eine geringe Minderheit, die sich wirklich gesundheitsbewußt verhält. Man mag es kaum glauben angesichts der Tatsache, daß die Zunahme der Zivilisationskrankheiten durchaus bekannt ist.

Aber noch beherrschen die Chemie-Konzerne und die Großverteiler den Lebensmittelmarkt. Sie berufen sich darauf, daß zu jedem Produkt Arbeitsplätze gehören, vor allem aber darauf, daß der Kunde bestimme, was angeboten wird. Das zweite ist ganz einfach nicht wahr. Der Kunde kann ja nur kaufen, was angeboten und propagiert wird.

Der einzelne Kunde hat es also in der Hand, das Angebot zu bestimmen, doch nur die Masse der einsichtigen, eßbewußten Konsumenten vermag die verfahrene Lage zu ändern. Aber wenn irgendwo das Gesetz der Trägheit herrscht, dann gerade auf diesem Gebiet.

Das erste Reformhaus — und Reform bedeutet ja Neuordnung, Verbesserung — wurde 1887 im Zusammenhang mit einer allgemeinen Reformbewegung in Berlin gegründet. Die gesamte Lebensreform verlief im Sande;

die Reformhäuser vermochten sich jedoch zu halten. Merkwürdigerweise verzeichnet der Marktanteil an Reformkost bei den Großverteilern zurzeit hohe Wachstumsraten. Aber nein, das ist gar nicht so merkwürdig, denn noch nie wurden so viele synthetische, nährstoffarme Lebensmittel angeboten wie heute. Es mehrt sich bereits die Zahl der Frauen, die ihr Brot selbst backen, und zwar in allen Gesellschaftsschichten. Alte Gewohnheit und Trägheit, nicht zuletzt ein gewisser Leichtsinn, halten die Konsumenten aber noch davon ab, konsequent das Reformhaus aufzusuchen. Die Zahl der Reformfreudigen ist noch gering, die bereit sind, keine Opfer zu scheuen und selbst Nachteile in Kauf zu nehmen, um die als richtig erkannte Ernährungsweise durchzuführen. Eine Minderheit hat natürlich keinen Einfluß auf die Volksgesundheit.

Aber bei einem Erkundungsgang durch den Marktplatz einer Großstadt kann man feststellen, daß viele Leute vor dem Bio-Stand geduldig Schlange stehen, um sich Bio-Gemüse und -Obst in Tüten abfüllen zu lassen, wofür sie mehr bezahlen müssen als für die chemisch behandelte, hygienisch verpackte Ware im Selbstbedienungsladen. Dieser Eindruck täuscht. Abgesehen davon, daß der Streit der Ernährungsforscher über Vor- und Nachteile der Bio-Bodenprodukte noch keine schlüssigen Ergebnisse gebracht hat, gehen diese selben Leute vom Marktplatz aus zum nächsten Großverteiler und decken sich dort mit vorfabrizierten Lebensmitteln und Konserven ein. Sie wissen nicht, daß es mit dem Einkauf der Bio-Ware allein nicht getan ist. Die Fehlernährung läßt sich nur beheben, wenn alle Eßgewohnheiten uneingeschränkt geändert werden. Das berühmte «Zurück zur Natur» bedeutet in diesem Zusammenhang

Rückkehr zur Ernährung unserer Vorfahren, die keine Lebensmittelfabriken kannten.
Vollkornprodukte und fettarme Molkereiartikel sind heute auch bei den Großverteilern zu haben, und die Direktoren geben durchaus zu, es sei damit zu rechnen, daß die Nachfrage nach gesunden Nahrungsmitteln in einigen Jahren so stark gestiegen sein könne, daß man ihr auch weiterhin Rechnung tragen müsse. Sie sagen jedoch nicht, daß es höchste Zeit sei, mit den chemischen Zusatzmitteln, die der Konservierung, der Geschmacksverstärkung, der verlockenden Färbung und der Auffüllung dienen, rigoros Schluß zu machen. Gewiß, man richtet sich nach den gesetzlichen Bestimmungen und gibt auf dem Etikett die Zusammensetzung an, doch das ist nichts anderes als Halbwahrheit. Man gibt beispielsweise beim tiefgekühlten Spinat «Grünungsmittel» an, weil man genau weiß, daß die Hausfrau nicht schlecht erschrecken würde, wenn auf dem Etikett «Kupfervitriol» stünde, das sowohl zur Schädlingsbekämpfung als auch zur Färbung verwendet wird.
Auf die Frage, warum die längst als ungesund entlarvten Zusatzmittel nicht eingeschränkt werden, hat Hans-Rudolf Locher, Zentralsekretär des Schweizerischen Vereins für Volksgesundheit, der mit dem heutigen Angebot im Lebensmittelhandel gar nicht zufrieden ist, folgende Antwort gegeben:
«Die Industrie braucht die Zusatzstoffe, um billig produzieren zu können, damit die Produkte länger haltbar sind und leichter verteilt werden können. Daß immer mehr zugelassen werden, hängt mit der Situation im Ausland, namentlich in der EG, zusammen. Wenn dort etwas erlaubt wird, wollen Handel und Industrie in der Schweiz nachziehen.»

Im Gesundheitswesen eines jeden Landes sind natürlich Handel und Industrie vertreten, und da wir eine industrialisierte Gesellschaft sind, wird ihren Interessen der Vorzug gegeben.
Ist der Konsument diesem Spiel der Mächte hilflos ausgeliefert?
Hilflos gewiß nicht. Eine Entwicklung zur Änderung des Angebots wird ja nicht einmal von den Großverteilern ausgeschlossen — sofern der Kunde es wolle.
Am Kunden ist es also, buchstäblich an jedem einzelnen, die Zustände auf dem Lebensmittelmarkt zu ändern. Wenn eine Besserung der Volksgesundheit und ein Rückgang der Zivilisationskrankheiten erfolgen sollen, dann läßt sich das nur durch einen Aufstand der Konsumenten bewerkstelligen. Kaufen sie die chemisch verschandelten, fabrikmäßig hergestellten Lebensmittel nicht, so bleibt die Ware auf den Regalen liegen und verdirbt allen Konservierungsmitteln zum Trotz. So einfach wäre das.
Es ist gewiß ehrenwert, an die Volksgesundheit zu denken, aber sollten nicht der gesunde Menschenverstand und der Selbsterhaltungstrieb jeden einzelnen veranlassen, sich den Naturgesetzen gemäß zu ernähren, um von Mangelkrankheiten verschont zu bleiben?
Wie das Angebot auf dem Lebensmittelmarkt auch sein mag; es steht jedem frei, die Entscheidung zu treffen: Erkranken und allzu früh sterben oder hundert Jahre alt werden und sich bis zum letzten Tag wohl fühlen.

Register

Erster Teil: Die Kaukasier und ihre Ernährung

Zweiter Teil: Kaukasisches Kochbuch